和田　萃著

飛　鳥

―歴史と風土を歩く―

岩波新書

850

目次

↑ 耳成山
藤原宮跡
安倍文殊院
米川
香具山
戒外町
木之本町
本薬師寺跡
城殿町
大官大寺跡
南山町
奥山
飛鳥川
田中町
中ノ川
桜井市
石川町
雷丘
山田寺跡
古宮土壇
ウラン坊
山田
飛鳥
豊浦寺跡
(向原寺)
石川池
(剣池)
水落・石神遺跡
甘樫丘
飛鳥坐神社
大軽町
飛鳥寺
豊浦
ミロク石
川原
酒船石
小原
飛鳥京跡
川原寺
亀石
岡
岡寺
鬼の俎
橘寺
島庄
天武・持統陵
鬼の厠
石舞台古墳
中尾山古墳
文武天皇陵
ミハ山
祝戸
冬野川
御園
高松塚古墳
坂田寺跡
多武峯へ →
阪田
明日香村
檜前
栗原
南淵山
檜隈寺跡
於美阿志神社
飛び石
龍福寺
南淵請安墓
キトラ古墳
稲淵
宇須多岐比売命神社
N
0
500 m
栢森

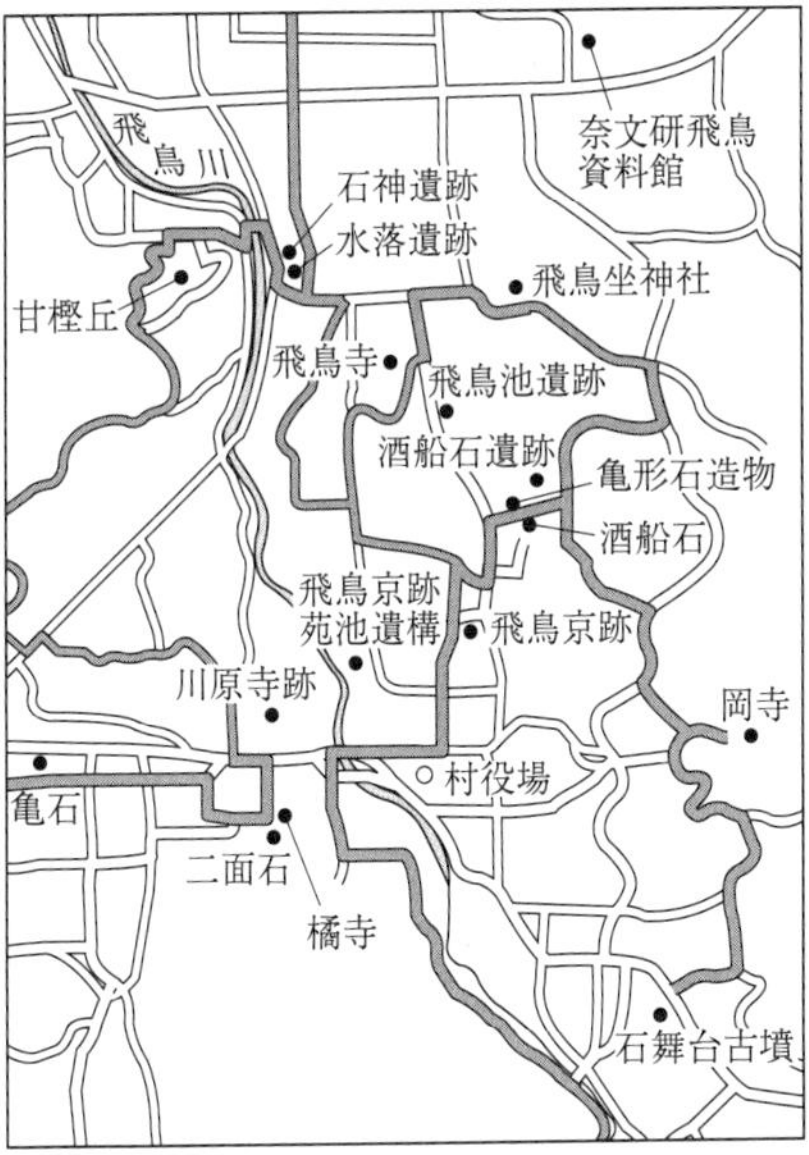

飛鳥中心部　　　飛鳥周遊歩道

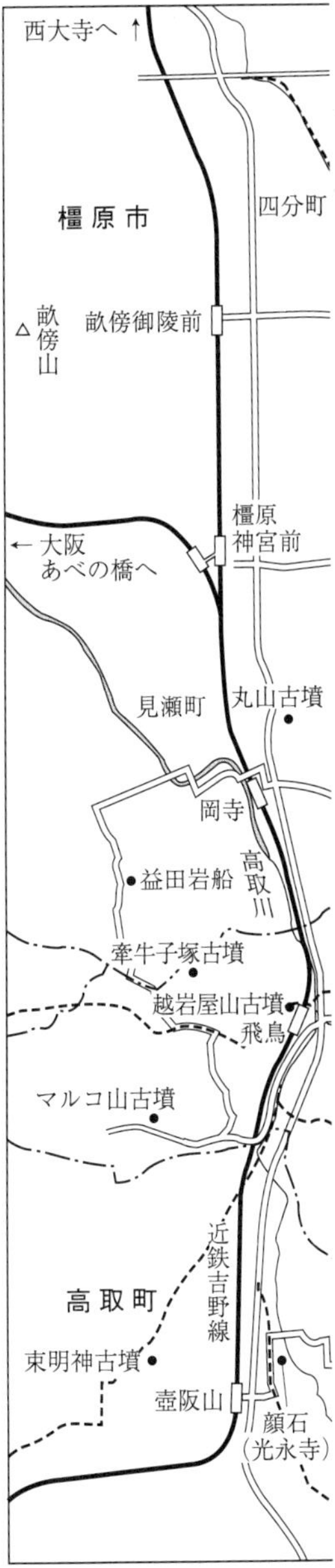

飛鳥全図

----- は近世の道

はじめに——飛鳥川上流を歩く

飛鳥とは

飛鳥《あすか》は周囲を山々や丘陵に囲まれた小盆地。わずかに西北に開ける。およそ南北三キロメートル、東西七〇〇メートルの範囲にすぎない。

北は香具山《かぐやま》。南は橘寺《たちばなでら》背後の「ミハ山」。『万葉集』に、飛鳥の神奈備《かんなび》山(神の籠もりいます山)と歌われた山である。さらに南には南淵《みなぶち》山やサシ山が鎮《しず》もる。東に細川山が峙《そばだ》ち、西方には甘樫丘《あまかしのおか》や低い丘陵が続く。南淵山の東南渓谷から流れ出た南淵川は、明日香《あすか》村祝戸《いわいど》で冬野川(細川)を合わせて飛鳥川となり、飛鳥の小盆地を潤し、大和三山に囲まれた西北域に流れ出す。

盆地部には豊かな田園風景が広がり、飛鳥川の上流域には、稲渕《いなぶち》・栢森《かやのもり》といった山村が川沿いに点在する。同じような景観は、日本の各地でよく目にする。それなのに、なぜ飛鳥の景観は人々を魅了するのだろうか。

飛鳥は七世紀の歴史の表舞台だった。崇峻《すしゅん》五年(五九二)十二月、推古天皇が豊浦宮《とゆらのみや》に即位して以後、和銅三年(七一〇)三月に平城京へ遷都するまでの間である。その間、一時期、国政の中心地が飛鳥を離れたことがある。皇極《こうぎょく》四年(六四五)六月に起こった「乙巳《いっし》の変」(いわゆる「大化の改新」)後の孝徳朝に難波宮(六四五~六五四)、天智朝に近江宮(六六七~六七二)に移ったが、飛鳥には留守司《るすのつかさ》が置かれ、数多くの寺院は存続していたから、都市機能は保たれていた。

皇極女帝が再び即位して斉明《さいめい》天皇(六五五~六六一)(以下天皇については在位年を示す)となった時期の飛鳥では、激動する東アジア情勢を背景に大土木工事が相次いだ。天智没後の天武元年(六七二)には皇位継承をめぐって壬申《じんしん》の乱が勃発した。飛鳥も戦闘の場となったが、乱後の天武・持統朝(六七二~六九七)に、律令国家体制がほぼ確立する。諸国の人々は租税を貢納するため、また都での労働のために飛鳥に蝟集《いしゅう》したから、人口が急増し、諸施設も整い、都としての景観を呈するようになった。一方、飛鳥では、飛鳥寺《あすかでら》をはじめとして、豊浦寺・川原《かわはら》寺《でら》・橘寺・奥山久米寺(小墾田《おはりだ》寺)・山田寺など、数多くの寺々の甍《いらか》の波が続き、仏都としての側面もあわせもっていた。在来の倭国の文化は、仏教文化や遣隋使・遣唐使がもたらした中国文化の影響を受けて、推古朝に飛鳥文化、天武・持統朝に白鳳文化の花が開いたのである。

飛鳥を歩いてみよう。遠方から車で飛鳥を訪れる人も、村内各所の駐車場に車をおき、そこから歩いてほしい。四季それぞれの風景を楽しみながら野道を歩き、樹木や草花を眼にし、風のそよぎに耳を澄ませ、古代の謎の石造物や遺跡を訪ねてみよう。亀石《かめいし》や酒船石《さかふねいし》などを手でふれてみると、古代を実感できる。大発見のあった遺跡の現場に立つと、古代の景観が立ち上がってくる。

明日香村の整備した「飛鳥周遊歩道」を歩くことを勧めたい。車に煩わされることもなく、飛鳥の風景を楽しみながら、古代の謎の石造物や遺跡、古墳などを訪ねることができる。もう一つ、ぜひとも勧めたいのは、近世の飛鳥の道をたどること。先に示した地図に、私の推測する近世の道筋をいくつか示しておいたので、参考にしてもらいたい。

近世の道は、野道であったり、注意しないと見過ごしそうな細い道。緩やかに曲がる道沿いに、土蔵のある家、茅葺《かやぶき》屋根の家が点在していて、近世の面影をわずかにとどめている。道の分かれには、所々、道標や常夜灯、「庚申《こうしん》さん」がある。銘文が刻まれているから、眼にしてほしい。飛鳥の道標には、「つぼさか」「おかでら」「はせ」と刻んだものが多い。西国三十三ヶ所巡礼の第六番札所の壺坂寺《つぼさか》(高取町)、第七番の岡寺(明日香村)、第八番の長谷寺(桜井市)へ参詣する人々のための道しるべであった。

宣長の歩いた道

本居宣長(一七三〇〜一八〇一)が歩いた飛鳥の道をたどるのも楽しい。『菅笠日記《すががさのにき》』にみえる道筋である。宣長の著わした『家の昔物語』によると、宣長は、両親が吉野の子守明神(吉野水分《みくまり》神社)に祈願して授かった子だった。明和九年(一七七二)三月五日、宣長は伊勢松坂を出立し、吉野の子守明神に詣で、念願だった吉野の花見を果たした。そのあと吉野から壺坂峠を越えて飛鳥に至り、名所・古蹟を訪ね、十四日に松坂に帰着している。その際の見聞記と言うべきものが『菅笠日記』(『本居宣長全集』第十八巻所収、筑摩書房、一九七三年)。三月十日と十一日にわたって宣長は、壺坂寺から、現在の高松塚古墳、天武・持統陵、川原寺跡、橘寺、岡寺、酒船石、飛鳥寺、飛鳥坐《あすかにいます》神社、安倍《あべ》文殊院《もんじゆいん》の二つの岩屋などを経て、天香具山、豊浦村、雷《いかずち》村、剣池《つるぎいけ》、塚穴(見瀬丸山《みせまるやま》古墳)までを歩き、その道中を詳しく記した。

高取城下の土佐町《とさまち》から檜隈《ひのくま》寺跡への道筋がやや不明なほかは、宣長のたどった道を、ほぼ推定できる。実際に歩いてみると、その健脚ぶりは驚くばかり。『古事記』『日本書紀』や『万葉集』に精通していた宣長は、実地踏査に基づき、古典にみえる地名を考証し、山陵や古墳にも関心をよせている。

宣長が歩いた飛鳥の道をたどってみると、日頃、見慣れた飛鳥も、全く違って見えるのが不思議である。近世の道のなかには中世へ、さらに古代に遡るものもあるから、近世の道をたどることにより、古代の人々が眼にした飛鳥の景観を、現在の我々も見ることが可能となるのだ。

古代飛鳥の雰囲気を知る

古代の遺跡は飛鳥の盆地部に集中するが、そのほとんどは地中に埋もれている。わずかに水《みず》落《おち》遺跡・酒船石遺跡・飛鳥京《あすかきよう》跡や川原寺跡などで、発掘調査の成果に基づき、史跡整備されているにすぎない。現況から、古代飛鳥の景観を想像するのはかなり難しい。

古代飛鳥の景観や雰囲気を知るには、飛鳥川の上流域を歩くのがよいだろう。飛鳥川の上流には豊かな自然が残り、中世・古代の雰囲気が漂う。たとえば、明日香村祝戸から飛鳥川沿いの道を上流へとたどり、稲淵まで歩いてみよう。

稲淵までは、『万葉集』に歌われた南淵山の麓を、大きく迂回して進む。

御食《みけ》向かふ南淵山の巌《いはほ》には降りしはだれか消え残りたる　（巻九—一七〇九）

山沿いの道ではあるが、対岸に大きく広がる棚田の景観が素晴らしい。田植えのすんだ後の、さ緑の広がり。九月下旬には、棚田の畔《くろ》に彼岸花の続く、幻想的な景観が現出する。この棚田を、〝アサカゼセンゲン〟と言い習わしている。アサカジセンゲン・アスカセンゲンとも言うが、アサカゼセンゲンが正しい。〝朝風千軒〟の意だろう。稲淵の龍福寺にある竹野王碑の銘文に「朝風」がみえ、すでに奈良時代からあった地名である。

稲淵の集落は、旧道に沿って古い家並みが一キロメートルほども続く。南淵山を背景として、白壁と高々と組まれた石垣が美しい。数年前、対岸にバイパスが完成して、稲淵の集落はかつての静けさを取り戻した。明日香村のなかでも、檜前《ひのくま》とともに最も景観のすぐれた集落だと思う。稲淵集落に入る手前の飛鳥川に勧請橋《かんじょう》がかかり、稲淵から平田峠を越えて明日香村上平田に至る分岐点となっている。上平田は、古代の檜隈《ひのくま》の一画。檜隈地域は、先進的な文化を伝えた渡来系氏族、倭漢《やまとのあや》氏の本拠地だった。

飛鳥川上流の飛び石

勧請橋から三〇〇メートルほど上流に、「飛び石」がある。古代には飛び石を踏んで飛鳥川を渡り、稲淵の集落に入ったらしい。表面の平らな一抱えほどもある石を、川中に八つ据えたのが飛び石。山峡《やまかい》を流れる飛鳥川に渡された飛び石は、周囲の景観に溶け合って風情がある。

明日香川明日も渡らむ石橋《いはばし》の遠き心は思ほえぬかも　（巻十一―二七〇一）

『万葉集』にみえるこの歌は、飛び石を歌ったものだろう。増水さえしていなければ、容易に渡ることができる。

飛鳥川の上流

稲淵の散策をもう少し続ける。稲淵は古代の南淵。南淵漢人《みなぶちのあやひと》と称された渡来系氏族の住んだ所。檜隈を拠点とした倭漢氏の支配下にあって、飛鳥川上流を開発した氏族である。「大化の改新」の前夜、中大兄皇子《なかのおおえのおうじ》(後の天智天皇)と中臣《なかとみの》(藤原)鎌足《かまたり》が蘇我氏打倒の秘策を語りながら教えを乞いに通ったという、隋留学の知識人、南淵漢人請安《しょうあん》が知られる。南淵の地名は「水《みな》淵《ぶち》」に由来するらしい。近年は少し減ったと聞くが、稲淵集落から上流はホタルの名所。無数のホタルが飛び交い、飛鳥川は夢幻の蛍川と化す。飛鳥川の上流は、今なお清流を保っている。大きな岩盤が張り出しているのだろうか、飛鳥川が曲流している所に南淵請安の墓がある。春の夕暮れ、対岸のバイパスから請安の墓を望むと、桜の花に覆いつくされて、花の浮島のよう。まだそれほど知られていないが、飛鳥の花の名所と言ってよい。

稲淵集落を通り過ぎると、飛鳥川の両岸に山が迫り、深い山峡となる。飛鳥川上の印象が色濃い。晩夏の夕暮れ時、この山峡で耳にするヒグラシの音は心にしみる。

飛鳥川沿いの石段の脇に、「飛鳥川上坐《あすかかわかみにいます》宇須多伎比売命《うすたきひめのみこと》神社」の石標が立つ。急勾配の長い石段を喘ぎながら登ると、わずかな平場があり、社殿がある。皇極元年(六四二)八月、皇極女帝は「南淵の河上」で雨請いをした。大地に跪き、四方を拝し、天を仰いで雨を祈ったところ、たちどころに雷鳴し、大雨が降ったという。南淵の河上とは、この飛鳥川上坐宇須多伎比売命神社の地であった可能性が大きい。石標のすぐ下を飛鳥川が流れ、露岩があるために常に渦巻いている。ウスタキヒメ命という神名は、川水の渦巻く様を女神化したものにほかならない。

二〇〇二年、この神社近くの川辺で、清流にしか育たない希少水生植物ミズアオイを増やす試みが始まった。ミズアオイは『万葉集』にみえるコナギ。古代には食用にもされた植物。同年八月下旬に、私もミズアオイの花を見に行った。五〇センチメートルほどの丈で、濃い紫色の花が印象的だった。

稲淵付近の飛鳥川は、ホタルが飛び交い、ミズアオイが育ったように、まだ清流を保っている。また中世の景観をとどめる集落や田畠が広がり、さらに古代の遺跡や遺物、古社が点在していて、散策すると心が洗われる。しかしここ数年、稲淵から栢森にかけて、砂防用の〝飛鳥ダム〟建設の動きがあった。幸いにして多くの人々の尽力で、二〇〇二年にダム建設は中止と決定された。飛鳥ファンの一人として、安堵したことである。

飛鳥の風土を特色づけるのは、飛鳥川に沿って吹く「明日香風《あすかかぜ》」。『万葉集』に、志貴皇子《しきのみこ》(?〜七一六)の有名な明日香風の歌がある。志貴皇子は天智天皇の皇子で、光仁天皇の父。すぐれた歌人だった。甘樫丘を少し上った所に、この歌の歌碑がある。一九六七(昭和四十二)年に犬養孝氏が揮毫されたもの。

明日香宮より藤原宮に遷居《うつ》りし後、志貴皇子の御作歌《みうた》
采女《うねめ》の袖吹きかへす明日香風都を遠みいたづらに吹く

(巻一—五一)

(美しい采女の袖を吹き返していた明日香風。藤原宮は飛鳥から遠く離れているので、今では采女の袖を翻すこともなく、ただ空しく吹いているばかりであるよ)

持統八年(六九四)十二月に藤原宮へ移って間もない頃の歌とみて間違いない。それにしても、明日香風とはどんな風だったのだろうか。

この歌には、明日香風は飛鳥に吹く風であり、大和三山に囲まれた藤原宮の地までは吹いてこない、との口吻が感じられる。風の向きや強さは、山や丘陵、河川・山野などの有り様で大きく異なる。同じ地域でも、季節、晴雨、日夜によっても違う。三方を山や丘陵で囲まれた飛鳥の盆地部と、大和国原《やまとくにはら》に位置する藤原宮域では、風の吹き様が違うと意識されていた。

真夏の午前十時頃、飛鳥川沿いの道を遡り、稲淵から栢森へ歩いたことがある。飛鳥川上坐

宇須多伎比売命神社からしばらくゆくと、川下から爽やかな風が吹いてきて、まことに心地よかった。谷風である。これが明日香風だろう。

陽が昇り、山の斜面や空気が熱せられてくると、上昇気流を生じ、そのため川下から風が吹き上がってくる。これが谷風。逆に夜になると、山の斜面の温度が下がり、大気は下降して川下へ流れる。山風である。山峡を流れる川筋では、昼夜の寒暖の差により、谷風・山風が吹く。

飛鳥川の上流と飛鳥の盆地部の標高をみると、上流の栢森集落の栢森橋で二三九・八メートル、途中の祝戸橋(玉藻《たまも》橋)で一三二・五メートル、盆地部の飛鳥寺で一〇六・〇メートル、雷丘の西側では九四・〇メートル。意外と高低差がある。一〇〇メートルで〇・六度の温度差があるというから、飛鳥川の流域では、川筋に沿って吹く明日香風が強く意識されたのだろう。棚田の広がる「アサカゼ(朝風)」の地名も、朝日が昇ってしばらくすると、飛鳥の盆地部から吹き上げてくる明日香風に由来する。明日香風は「アスカ」の地名とも深く結びついているように思う。

飛ぶ鳥のアスカ

「飛ぶ鳥の」はアスカにかかる枕詞である。『万葉集』に六例みえ、そのうちの四例はアスカ(明日香・飛鳥)の地名にかけられている。用例をあげてみよう。(　)内は原文。

飛ぶ鳥の明日香の里を置きて去《い》なば…(飛鳥　明日香能里乎　置而　伊奈婆…)
(巻一―七八)

飛ぶ鳥の　明日香の川の　上つ瀬に…(飛鳥　明日香乃河之　上瀬尓…)　(巻二―一九四)

飛ぶ鳥の　明日香の川の　上つ瀬に…(飛鳥　明日香乃河之　上瀬…)　(巻二―一九六)

…飛ぶ鳥の　飛鳥壮士《をとこ》が　長雨《ながめ》忌み　縫ひし黒沓《くろくつ》…(飛鳥　飛鳥壮蛟　霖禁　縫為黒沓)
(巻十六―三七九一)

いずれも「飛鳥」を「飛ぶ鳥の」と読ませており、明日香・飛鳥にかかる枕詞となっている。なお他の二例(巻六―九七一、巻十四―三三八一)は、飛鳥の風土や地名に結びつくものではない。「飛ぶ鳥の」という枕詞がアスカの地名に冠されたのは、アスカの地に鳥類が多く生息しているからだと思われる。小丘陵が多く地形は複雑。なおかつ山地に接しており、三方を山で囲まれた小盆地の中央を飛鳥川が流れているため、気流の変化に富む。鳥類の生息に適しているのだろう。現在、明日香村では一〇〇種の鳥類の生息が確認されており、鳥の宝庫といってよい。鳥は豊饒のシンボル。舒明《じょめい》天皇(六二九〜六四一)が香具山に登って国見《くにみ》をした際、次のように歌った。

大和には　群山《むらやま》あれど　とりよろふ　天《あま》の香具山　登り立ち　国見をすれば　国原《くにはら》は　煙《けぶり》
立ち立つ　海原《うなはら》は　かまめ(鷗)　立ち立つ　うまし国そ　あきづ島　大和の国は
(巻一―二)

大和国原に煙が立っているのは、『古事記』や『日本書紀』(以下、両書を併せて記紀とする)に、仁徳天皇の故事として伝えるごとく、人々の生業が豊かであることを示す。「海原」は香具山の西北域に広がっていた埴安池《はにやすのいけ》で、カモメはユリカモメ。現在も飛鳥川の上空を飛ぶユリカモメをよく眼にする。

茅渟《ちぬ》の海(大阪湾)のユリカモメが、古代の河内湖、大和川をへ、飛鳥川を遡って埴安池で群れ飛ぶ様は、大和の国原が肥沃で、稲穂の豊かに稔る土地であることを示している。「飛ぶ鳥の」アスカは豊饒の地だった。そこに七世紀代、王宮が集中して営まれたのである。

〝アスカ〟とは、どの範囲を指すのだろうか。現在では、高市《たかいち》郡明日香村の村域とするのが一般的である。しかし古代では違っていた。古代のアスカの範囲については、先年なくなられた私の恩師、岸俊男先生（京都大学名誉教授、橿原考古学研究所の第三代所長）に明快な論がある。「飛鳥」を冠した事例として、飛鳥川、飛鳥岡《あすかおか》、飛鳥坐神社、飛鳥寺、飛鳥岡本宮《おかもとのみや》、飛鳥板《いた》蓋宮《ぶきのみや》、後《のちの》飛鳥岡本宮、飛鳥浄御原《きよみがはら》宮などがある。岸説によると、古代に「飛鳥」と称された範囲は、飛鳥川の右岸（東側）で、北は香具山、南は橘寺付近、東の丘陵に限られていた。

その後、奈良時代の小《お》治田《はりだ》宮に関する知見や飛鳥を東西に横切る古道、阿倍山田道《あべやまだみち》の発掘調査成果により、雷丘《いかずちのおか》の東～北方域は「小《お》墾《はり》（治）田《だ》」と称されていたことが明確となった。「飛鳥」の範囲は、岸説よりもさらに狭まったのである。すなわちその北限は香具山ではなく、小墾田やその南に位置する飛鳥寺一帯。東・西・南の限りは変らない。この範囲内に、飛鳥寺や飛鳥坐神社などの社寺があり、「飛鳥」を冠する諸宮が集中して営まれた。以下、古代に「飛鳥」と称された範囲を「アスカ」と表記して記述する。

次頁の図に、「アスカ」とその周辺地域の古代地名を示した。「原」のつく地名が多い。

もともと「アスカ」の地は真神原《まかみがはら》と称されていた。「アスカ」の南側で、冬野川に沿った地域が桃原《ももはら》や坂田の原。「アスカ」の東方域は大原。藤原とも称され、中臣氏により開発された地域である。飛鳥川左岸の豊浦《とゆら》は、飛鳥川が大きく屈曲して淀みとなっていた所。豊浦は向原《むくはら》

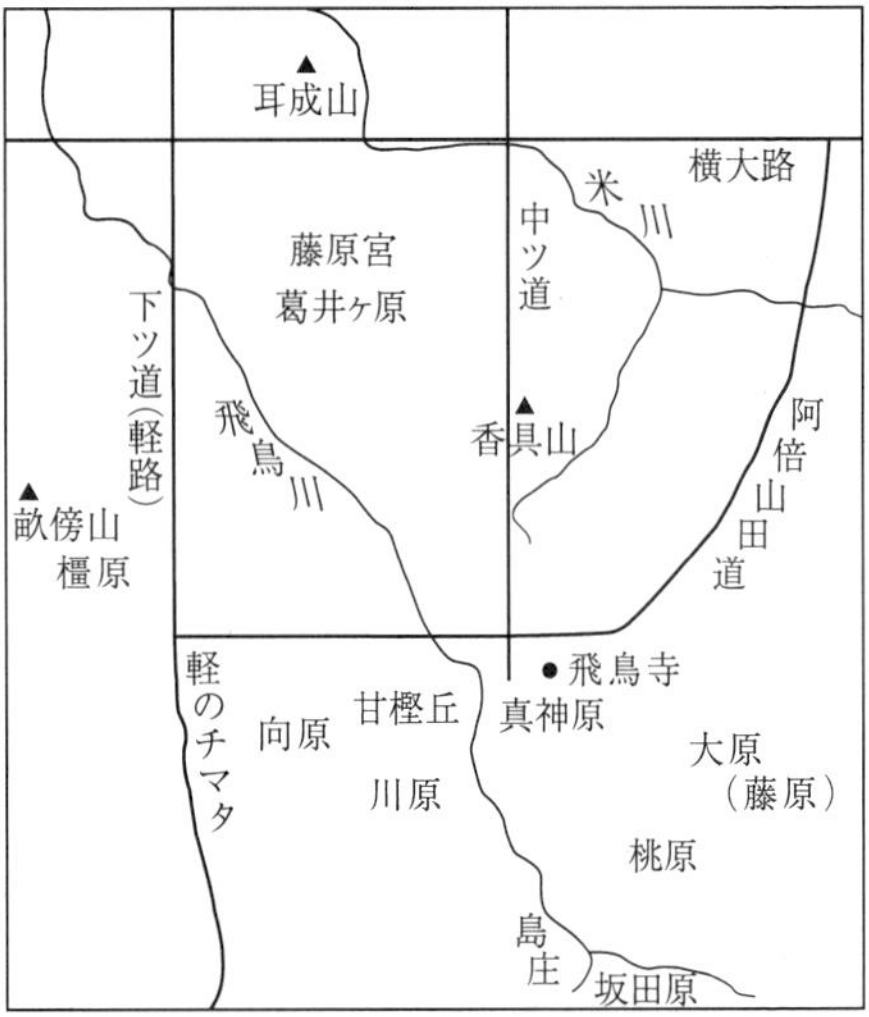

7世紀古道と「原」のつく地名

とも称され、その西方域に広がる丘陵は大野丘《おおののおか》と称された。香具山の西方域は葛《ふじ》(藤)井ヶ原。後に藤原とつづまり、ここに藤原宮が造営されることになる。

「―原」と称されたのは、川辺や里山に近い平坦地で、雑木や草地が広がっていた所。人の手がまだ余り加わっていない地域だった。桃原・藤原や畝傍《うねび》山《やま》の麓の橿原《かしはら》の地名は、「植物名＋原」となっている。モモやフジが広がり、またカシの繁る原だったのだろう。真神原の開発が進み、多数の人々が住むようになると、「アスカ」と称されるようになった。さらに真神原の北側に広がっていた低湿地も開発され、小墾田と称される。推古十一年(六〇三)十月に推古天皇は、豊浦宮から小墾田宮へ移った。

なお本書では、「アスカ」とともに、「飛鳥」の表記を多用する。この本の書名もそうである。

本書で言う飛鳥は、明日香村の村域のみならず、隣接する橿原市・桜井市の市域や高取町町域の一部をも含む。この地域は七世紀の歴史の表舞台だった。菅谷文則(滋賀県立大学教授)・河上邦彦(橿原考古学研究所副所長・附属博物館館長)の両氏と私は、右の範囲を対象に「飛鳥学」を提唱している。なお「アスカ」の地名の表記や「飛鳥」の表記が始まった時期については、のちにふれることとしたい。

変貌する飛鳥

私事になって恐縮だが、私は一九四四年に中国東北部の遼陽市で生まれ、生後間もなく両親の郷里である国中《くんなか》(奈良盆地中央部をいう)の田原本《たわらもと》(奈良県磯城《しき》郡田原本町)に戻り、そこで育った。初めて飛鳥を訪れたのは、田原本中学一年生の春の遠足だった。近鉄桜井駅からバスで談山《たんざん》神社のある多武峯《とうのみね》に登り、飛鳥へ歩いて下った。その途中のことだった。眺望がひらけ、夕陽に染まりはじめた大和国原を眺めると、一面の菜の花の海。そのなかに青く香具山が浮かんでいた。往時茫茫、歳を重ねるほどに、幻だったのでは、とさえ思う。しかしその景色は眼に焼きつき、胸肝《むなぎも》に刻み込まれている。

大学に進学してからは、たびたび飛鳥を訪れるようになった。春にはレンゲ田が広がり、そのなかに飛鳥寺や川原寺があり、飛鳥京跡(飛鳥板蓋宮、飛鳥岡本宮などの宮跡が集中する地域)が広がっていた。亀石も水田のなかだった。甘樫丘に登った記憶がない。頂上への道がつけられたのは、「明日香風」の万葉歌碑が建てられた頃だったように思う。

一九七二年三月に高松塚古墳で壁画が発見されたのを契機に、明日香法(正式には「明日香村特別措置法」)が成立。それに基づいて明日香村の景観保全、遺跡の保護と整備、公共施設の拡充が進められ、明日香村は大きく変わった。ここ数年、村民による〝村おこし〟も活発で、村は大いに活気づいている。すぐ隣の高取町に住む私などは羨ましくさえ思う。

しかし最近の明日香村の景観をみると、少し整備されすぎ、との感もする。レンゲ田のなかにあった川原寺も、すっかり史跡整備された。基壇には芝を張り、礎石もレプリカを交え、検出された伽藍遺構がわかりやすく示されている。飛鳥京跡も同様だ。天武・持統朝の飛鳥浄御原宮にあたる上層遺構は、コンクリート製の石柱で柱列を、ツゲの植え込みで建物跡を示し、大井戸も復元されている。しかしこうした史跡整備に何かしら少し違和感を覚えてしまうのは、私だけだろうか。

相次ぐ新発見

ここ数年、飛鳥では大発見が相次ぐ。斉明朝の迎賓館とみられる石神《いしがみ》遺跡や水落《みずおち》遺跡の漏尅《ろうこく》(水時計)、亀形石造物を中心とした湧水施設や大規模な石垣、飛鳥川近くの広大な池(飛鳥京跡苑池《えんち》遺構)、飛鳥寺東南の谷間に現出した官営工房(飛鳥池遺跡)などである。第四章、五章でいくつかをとり上げて詳しく紹介し、それぞれ歴史的背景を考えてみたい。

また近年の発掘調査で、丘陵上から七世紀の邸宅や宮殿建物などの大規模な建物跡が検出されるようになった。甘樫丘地区では、蘇我蝦夷《えみし》・入鹿《いるか》の邸宅に関わるかと思われる焼けた建築部材や壁土が出土した。これまで飛鳥の盆地部での発掘調査のみが注目されてきたのだが、右にあげた事例は、七世紀代の重要遺跡が丘陵上にも多数存在することを示している。今後の飛鳥の遺跡保存にとっても留意すべき観点だろう。

飛鳥を訪れると、古代の景観がそのまま残っているかのように思いがちである。しかしそうではない。古代に大規模な改変を受けた結果なのである。飛鳥寺から香具山まで、平坦な水田が広がる。この地形も六世紀末の広範囲に及ぶ開発により生まれたものだった。とりわけ斉明朝に行なわれた多くの大土木工事は、それまでの景観を一変させた。最近、判明したことだが、酒船石のある丘陵も自然のままではない。尾根を削り出し、あるいは土を積んで、石垣を四段に巡らせた丘陵だった。この石垣は、酒船石のある丘陵を延々と巡っている可能性が大きい。それらが廃墟となり、埋もれた結果が、現在の飛鳥の景観なのである。

以下、本書では、飛鳥を中心とした歴史を、私なりに記述したいと思う。私の専門は日本古代史。『古事記』『日本書紀』などの史書や、地中から発見される木簡をもとに、研究している。これまで史料に基づく文献史学(日本古代史)と、考古学との接点を埋めたいと考え、研究を続けてきた。幸い奈良県立橿原考古学研究所の所員(非常勤所員)でもあるので、発掘現場を見学したり、考古学の最新情報に接することが多い。それで本書では近年の発掘調査成果をできるだけ援用しながら、飛鳥古代史の復原を試みる。

また時代とともに変貌してきた飛鳥を見つめ、飛鳥保存の現状や今後の問題点についても考えてみたい。

第一章　飛鳥を開いた人々

飛鳥川沿いに残る「ミロク石」

蘇我氏と渡来系氏族

飛鳥は河岸段丘上に広がり、水田化がむずかしい。また飛鳥川は山川で、浸食作用が激しいために河床は低く、井堰《いぜき》を設けて分水する必要があった。それで優れた土木技術を有した倭漢《やまとのあや》氏をはじめとする渡来系氏族により、飛鳥の開発は進められたのである。

それらの氏族集団は、百済《くだら》や朝鮮半島南部の伽耶《かや》から渡来した人々であった。その内には、中国・南朝の文化に親しみ、仏教を信仰する人々もいたことから、列島内の他地域にさきがけて飛鳥で仏教文化が花開く素地となった。

六世紀前半の宣化《せんか》朝に蘇我臣稲目《そがのおみいなめ》は大臣《おおおみ》に任命され、大和政権の執政官の一人となった。稲目の後、その子の馬子《うまこ》、孫の蝦夷《えみし》も大臣となり、政治権力を掌握する。稲目と馬子は、政権内において主として外交・財政を担当し、外交政策では一貫して百済と友好関係を結んだ。蘇我氏のもとにあって、外交・財政面の実務を担ったのが倭漢氏やその支配下にあった今来漢人《いまきのあやひと》と呼ばれる人々だった。倭漢氏はまた、優れた軍事力をもち、蘇我氏の権力強大化の背景となったのである。

六世紀代には、蘇我氏は畝傍《うねび》山東南の軽《かる》の地に拠点を置いていた。後半になると、稲目は飛鳥川左岸の向原《むくはら》・豊浦《とゆら》に居宅を営み、馬子は「アスカ」の真神原《まかみがはら》に氏寺として法興寺（元興寺ともいう。飛鳥寺）を創建し、その南の嶋《しま》の宅《いえ》に住んだ。末頃には、「アスカ」のすぐ北側に広がっていた湿地が開発され、小墾田《おはりだ》と称されるようになる。推古天皇（五九二〜六二八）が豊浦宮から小墾田宮へ移ったのは、推古十一年（六〇三）に至ってからになる。

倭漢氏が檜隈に定住する

倭漢氏の祖、阿知使主《あちのおみ》とその子の都加使主《つかのおみ》が渡来し、大和国高市郡檜隈郷《ひのくまごう》の地を与えられたことが『日本書紀』の応神天皇二十年九月条などにみえる。（なお『日本書紀』からの引用は、以下、「応神紀二十年九月条」のように記す。）

ただし『古事記』や『日本書紀』では渡来系氏族に関わる記事を、応神朝と雄略朝に重複して記載することが多い。したがって倭漢氏の渡来時期は、必ずしも応神朝（五世紀初頭前後）に限定できない。ここでは少し幅をもたせて、五世紀前半とする。

檜隈郷は、現・明日香村檜前《ひのくま》・栗原・御園を中心とする一帯。明日香村檜前（古代では檜隈。現在は檜前と表記する）は、近鉄吉野線の飛鳥駅から東南へ歩いて約一〇分ほどの所。近年、隣接して緑台という住宅地が開発された。しかし本村の檜前は白壁の美しい静かな集落。道を少し南に下った所に、式内社である於美阿志《おみあし》神社の森がある。祭神は倭漢氏の祖とされる阿知使主。社名の由来は定かではないが、阿知使主の呼称が逆転し、「使主阿知」がさらに転訛したのだろうか。境内地は檜隈寺跡。塔跡には、平安時代後期建立の十三重の石塔(高さ約四・三メートル。現状は上の二重と相輪を欠く)が立つ。また境内は宣化天皇の檜隈廬入野宮《ひのくまのいおりののみや》(六世紀前半)の伝承地でもあって、戦前に建てられた石標がある。

檜隈地域は小丘陵の多い複雑な地形で、その西方を檜隈川(現在は高取川という)が流れる。しかし檜隈川から取水できる範囲は少なく、古代においては水田耕作に不向きな土地だった。そのため技術者集団としての色合いが濃い倭漢氏は、次第に周辺地域へ分散して居住するようになった。

渡来系氏族の結束の中心として

倭漢氏は単一の氏族ではない。蘇我氏のもとにあって、大和政権の外交・財政・軍事などに深く関わった渡来系氏族の総称であった。しかし加藤謙吉氏が明らかにされたように、倭漢氏は朝鮮半島南端部の阿邪《あや》(安羅)伽耶《かや》から列島に渡来した氏族集団であり、故地の阿邪にちなんで倭漢氏、すなわち「列島に住むアヤヒト」と称された。

阿邪伽耶から渡来した相互に血縁関係のない中小氏族が、飛鳥とその周辺地域に住み、居住地や職掌を同じくしたことから、次第に同族意識を高め、阿知使主や都加使主を祖と仰ぐようになったものと推測される。いずれの氏族も直《あたい》の姓(カバネ)をもつ。七世紀後半までは文直《ふみのあたい》が族長的地位にあり、奈良時代になると坂上直《さかのうえ》が有力化した。のちの延暦十六年(七九七)に征夷大将軍に任じられた坂上田村麻呂は、坂上直の出身である。

宝亀三年(七七二)四月に坂上大忌寸《おおいみき》苅田麻呂(坂上田村麻呂の父)が奏上したところでは、高市郡内には倭漢氏の一族が多数居住し、他姓の者は十のうち一、二にすぎない状況だったという。平安初期になって中国文化を尊ぶ風潮が一段と高まった頃に編纂された『新撰姓氏録《しんせんしょうじろく》』では、倭漢氏は朝鮮半島の出身ではなく、「後漢の霊帝の後裔」を主張するに至っている。

考古学による檜隈地域の解明は遅れている。倭漢氏の氏寺とみてよい檜隈寺跡の発掘調査で、瓦積み基壇の講堂跡や塔跡が検出され、西面する特異な伽藍配置であることが判明した。ほかには数ヶ所で七世紀後半の大型建物が検出されているにすぎない。檜隈寺跡から東方一三〇メートルに位置する檜前門田《ひのくまかどた》遺跡が、倭漢氏の宅地と推定されている。

剣池と厩坂池

応神紀十一年十月条に、剣池《つるぎのいけ》・軽池《かるのいけ》・鹿垣池《かのかきのいけ》・厩坂池《うまやさかのいけ》などが作られた、とある。

剣池は、近鉄の橿原神宮前駅から東へ、飛鳥に向かって歩くと、約五分ぐらいの所に広がる

大きな池。橿原市石川町に所在するところから、今では石川池ともいう。『万葉集』に、

御佩《みはかし》を　剣の池の　蓮葉《はちすは》に　渟《たま》れる水の　行方無《ゆくえな》み…わが情《こころ》　清隅《きよすみ》の池の　池の底…

（巻十三—三二八九）

とあり、「御佩(佩刀)を剣の池の」と歌われているように、古来、池底に剣が埋まっていると伝える。剣の池に蓮が広がり、清く澄んでいたことから、「清隅の池」とも称された。皇極三年(六四四)六月、剣池の蓮に、一本の茎に二つの花が咲くものがあった。豊浦大臣(蘇我蝦夷)は蘇我氏が栄える瑞祥として喜び、その旨を金泥で書き、大法興寺(飛鳥寺)の丈六仏《じょうろくのほとけ》に供えたという(『日本書紀』)。

軽池・鹿垣池の所在地は不明だが、厩坂池を含めて、橿原市大軽町から石川町にかけての一帯にあった池だろう。この一帯には小丘陵が多いから、谷あいから流れ出る水を、堤で塞き止めた池とみてよい。

注目される伝承がある。応神朝に百済から阿直岐《あちき》が渡来し、良馬二匹を貢じたので、阿直岐に命じて軽の坂上の厩で飼育させた。それで厩坂の地名が生じたという(応神紀十五年八月条)。その厩坂の地で谷を塞き止め、厩坂池が作られたのだろう。池の造営に阿直岐が関わった可能性がある。軽の地域に作られたという剣池・軽池・鹿垣池・厩坂池は、倭漢氏のもつ優れた土

木技術の所産だったのではないだろうか。

石川池(剣池)のすぐ西北に「ウラン坊」という名の小字《こあざ》があって、古瓦が散在し、奈良・興福寺の前身、厩坂寺と推定されている。かつてその一角に、大きな礎石があった。私も実見しているが、今では所在不明となっており、残念なことである。「ウラン坊」のすぐ東に、航空写真でみると池の痕跡があり、石野博信氏は厩坂池と推定されている。

二重になった池

少し横道にそれるが、ここで剣池と石川池の異同にふれておこう。水の少ない冬期に石川池を訪ねてほしい。池の中ほどにコンクリート製の標柱が何本かあるのに気づかれると思う。この標柱に囲まれた範囲が剣池。その外側が石川池である。同一の池なのでわかりにくい。石川池の南に小島のように突き出た小丘があり、第八代の孝元天皇陵となっている。孝元陵は、「剣池の中の岡の上にあり」(『古事記』)、「剣池嶋上陵《しまのうえのみささぎ》」(『日本書紀』)とみえる。すなわち孝元陵の周りの池が剣池であり、現在も宮内庁の管轄になっている。

一方、石川池は明治になって地元で水利組合が結成されて飛鳥川の水を引き、剣池を拡張して作られた。石川池西北の堤に立つ記念碑にその旨が記されているし、私も水利組合の組合長から現地で話をうかがったことがある。一八九六年(明治二十九)に起工し、一九〇〇年に竣工した。

池を掘るのは難しい。とりわけ大きな水圧に耐える堤の築造と、水量を調節する木樋(樋管)の設置に困難をともなう。現在でも築堤に失敗して、再工事した事例を仄聞する。一方、谷を塞き止める池では、一ヶ所に築堤すればよい。堤を高くすれば貯水量は増大するから、池の面積も大きくなる。景行《けいこう》朝に坂手池を作り、堤に竹を植えたとの伝承がみえ(『古事記』)、また応神朝には渡来した韓人を動員して、韓人池《からひとのいけ》を作ったという(応神紀七年九月条)。これらのことを踏まえると、やはり軽の地の剣池・軽池・鹿垣池・厩坂池は、五世紀前半に倭漢氏によって作られたかと思う。

後代に至るまで、倭漢氏は優れた土木技術を保持していた。舒明十一年(六三九)、百済川の辺《ほとり》で百済大宮と百済大寺の造営が開始されたが、倭漢氏の一族である書直県《ふみのあたいあがた》が大匠《おおたくみ》として指揮している。難波宮造営に際しては、倭漢直荒田井比羅夫《あらたいのひらふ》が将作大匠《たくみのつかさ》として指揮をとり、平城京造営の大匠は坂上直忍熊《おしくま》だった。

新しい技術者集団・今来漢人

雄略紀七年是歳《このとし》条(五世紀後半)(「是歳条」はその年の出来事をまとめた部分)に、百済から新たに列島に渡来した人々を、飛鳥の上桃原《かみつももはら》・下《しもつ》桃原・真神原に置いたとある。陶《すえ》部《つくり》高貴《こうき》・

鞍部堅貴《くらつくりけんき》・画部因斯羅我《えかきいんしらが》・錦部定安那錦《にしごりじょうあんなこん》・訳語卯安那《おさみょうあんな》らの人々である。それぞれ須恵器生産、馬具の製作、絵画や工芸、錦の織成、通訳に優れた技術や才能をもつ人々だった。

四七五年、高句麗の攻撃により、百済の首都、漢城は陥落した。その際、百済や伽耶から逃れて倭国に渡来した人々だったと考えられる。応神朝に渡来したとされる倭漢氏と比較すると、より高度な技術を有していたことから、今来才伎《いまきのてひと》と称された。新しく渡来した技術者の意である。倭漢氏の支配下に置かれたところから、今来漢人とも言った。

今来漢人が住んだ上桃原・下桃原は、明日香村島庄《しまのしょう》を中心とした一帯とみてよい。東側に有名な石舞台古墳があって、現在は飛鳥歴史公園石舞台地区として整備されている。推古三十四年(六二六)五月、蘇我大臣馬子は桃原墓《ももはらのはか》に葬られたが(『日本書紀』)、近年、石舞台古墳を桃原墓に比定する考古学研究者が多い。島庄の一帯には、『万葉集』にも歌われているケモモ(毛桃)が自生していたか、あるいは大陸から将来されたモモ(大きな食用の果実をつける)が栽培されていたのだろう。それで桃原の地名が生じた。真神原は飛鳥寺の一帯、「アスカ」の地である。

二〇〇一年十二月に、明日香村の南に位置する高取町の清水谷《しみずたに》遺跡で、今来漢人に関わる注目すべき遺構がみつかった。オンドルを備えた五世紀後半の大壁作りの建物五棟が検出され、陶質土器や韓式系土器も出土したのである。大壁作りとは、建物の周囲に掘った溝の中に壁柱を立て、柱と柱の間に木舞《こまい》(芯になる細竹)をわたし、土壁を塗った建物。完成すると、壁を巡らせた建物となり、柱は隠れてしまう。

オンドルを伴った大壁建物は、これまで五世紀前半の南郷遺跡群(奈良県御所《ごせ》市)や、五世紀代の穴太《あのう》遺跡(滋賀県大津市)で見つかっているにすぎない。清水谷遺跡ではさらに、陶質土器や韓式系土器が加わる。時期からみて、いずれも今来漢人に結びつく遺跡だろう。桃原・真神原以外にも、飛鳥の南方域、葛城《かつらぎ》(奈良盆地西南部)の南郷地域、近江・湖西の滋賀地域などに、今来漢人の居住地があったことになる。

司馬達止と南淵請安

飛鳥では、上桃原・下桃原・真神原以外にも、今来漢人が居住している。坂田原(明日香村阪田)に住み「大唐漢人《だいとうのあやひと》」と称された司馬達止《しばたつと》の一族と、飛鳥川上流の明日香村稲淵に住んだ南淵漢人《みなぶちのあやひと》である。

継体十六年(五二二)に渡来した司馬達止が、「アスカ」の南の坂田原に草堂を結んで仏像を安置し、帰依礼拝していたと「延暦寺僧禅岑記」(『扶桑略記』に引く『法華験記』にみえる)にある。欽明朝(五三八?)に百済から仏教が公式に伝えられる以前に、渡来した人々の間で仏教信仰が広がっていたことを示す。まことに注目すべき伝承である。

「大唐漢人案部村主《くらつくりのすぐり》司馬達止」と記されている司馬達止は、百済経由で渡来した中国・南朝出身の人物だろう。案部(鞍部)村主の祖であり、漢人を称していることから、倭漢氏の支配下にあったと思われる。その子の多須奈《たすな》や嶋《しま》(出家して善信尼)には後にふれる。多須奈の子が法隆寺釈迦三尊像の作者「止利《とり》仏師」として知られる鳥(鞍作鳥)で、推古朝に元興寺(飛鳥寺)の本尊丈六銅像を製作し、坂田原に鞍作氏の氏寺として坂田寺を建立した。

南淵漢人では南淵漢人請安《しょうあん》がよく知られている。推古十六年(六〇八)に遣隋使小野妹子に従って、高向漢人玄理《たかむくのあやひとくろまろ》・僧旻《そうみん》らとともに隋に渡った。中国に留まること三十有余年。隋はすでに滅び、唐が隆盛に向かっていた舒明十二年(六四〇)に、玄理とともに新羅経由で帰国した。中大兄皇子と中臣鎌足が南淵先生《せんじょう》、すなわち請安のもとに通う道すがら、蘇我氏打倒の秘策を練ったエピソードは「はじめに」でもふれた。古代の南淵の地名は、現在では稲渕と変化している。

何か常なる飛鳥川

今来漢人が住んだ桃原や真神原は、水田開発には適さない固い灰褐色土壌・黄褐色土壌の多い地域である。五世紀後半に朝鮮半島から渡来した今来漢人により、鉄製U字形のクワ・スキや曲刃の鉄鎌を用いる農法が導入され、飛鳥の開発が進む。しかし水田化には困難をともなった。飛鳥川は山川であるため、浸食作用が激しい。そのため河床が低く、飛鳥川に近い所でも容易に水を引けなかったからである。

　飛鳥川の流れをみよう。飛鳥の盆地部を流れる飛鳥川は、直線距離では三キロに満たない栢《かやの》森《もり》橋〜祝戸《いわいど》橋間での標高差が約一〇〇メートルもあるため、流れは急で、その先の甘樫丘の北側、雷丘付近までは自然堤防となっている。とりわけ明日香村役場の西方、飛鳥川に架かる高市橋付近では河床が低くV字形の谷をなしている。

　一方、雷丘から下流域では、人工的に堤防が築かれている。上流から流されてきた土砂が堆積して、時代とともに河床は次第に浅くなり、洪水を繰り返すことになった。そのための堤防である。航空写真をみると、蛇行する旧流路を幾筋も確認できる。「世の中は何か常なる飛鳥川昨日の淵ぞ今日は瀬になる」(『古今和歌集』雑下)と歌われたのは、雷丘下流の飛鳥川のことだった。

『万葉集』巻十九に、「壬申の乱の平定しぬる以後《のち》の歌二首」として、次の歌がみえる。

　大君は神にし坐《ま》せば赤駒の匍匐《はらば》ふ田井《たゐ》を都となしつ　(巻十九―四二六〇)

　大君は神にし坐せば水鳥の多集《すだ》く水沼《みぬま》を都となしつ　(巻十九―四二六一)

前者は、壬申《じんしん》の乱に際し、大海人《おおあま》皇子(後の天武天皇)に呼応して大和で軍を起こした大伴《おおともの》連吹負《むらじふけい》の甥の御行《みゆき》の歌。「赤駒の匍匐ふ田井」や「水鳥の多集く水沼」は、「アスカ」の地域ではなく、雷丘の下流域の湿地をさす。そこに宮を作ったと歌うのである。橿原市域にあたり、天武五年から開始された新城《にいき》(藤原宮)造営に際しての歌だろう。

また飛鳥京跡の苑池遺構では、中世に大洪水を受けた痕跡が検出されている。

古代から利用されてきた木葉井堰

飛鳥川流域を水田化するためには、川水を塞き止めて井堰《いぜき》を設け、そこから分水して下流域の水田に水を引く必要があった。現在も飛鳥川には各所に井堰が設けられている。飛鳥川の上流から橿原市上飛驒町付近までに設けられている井堰を、上流から列挙してみよう。

大井手《おおいで》、阪田井堰、岡井堰、橘井堰、川原井堰、木葉《このは》井堰、豊浦井堰、雷井堰、田中井堰、高殿井堰、醍醐井堰

飛鳥川の井堰については、後に承保三年(一〇七六)九月十日の「大和国高市郡司等解案」(『平安遺文』第一一三四号)に、越後権守《ごんのかみ》高階朝臣《たかしな》業房が所有した豊瀬御庄内の田畠・堰・山野・池などを記した注目すべき記載がある。庄域は香具山の西麓から、畝傍山の東南にあたる軽、豊浦・飛鳥・檜隈に及んでいた。橿原市域東南部から明日香村全域を含む広大な所領である。その内に次の七ヶ所の井堰がみえている。

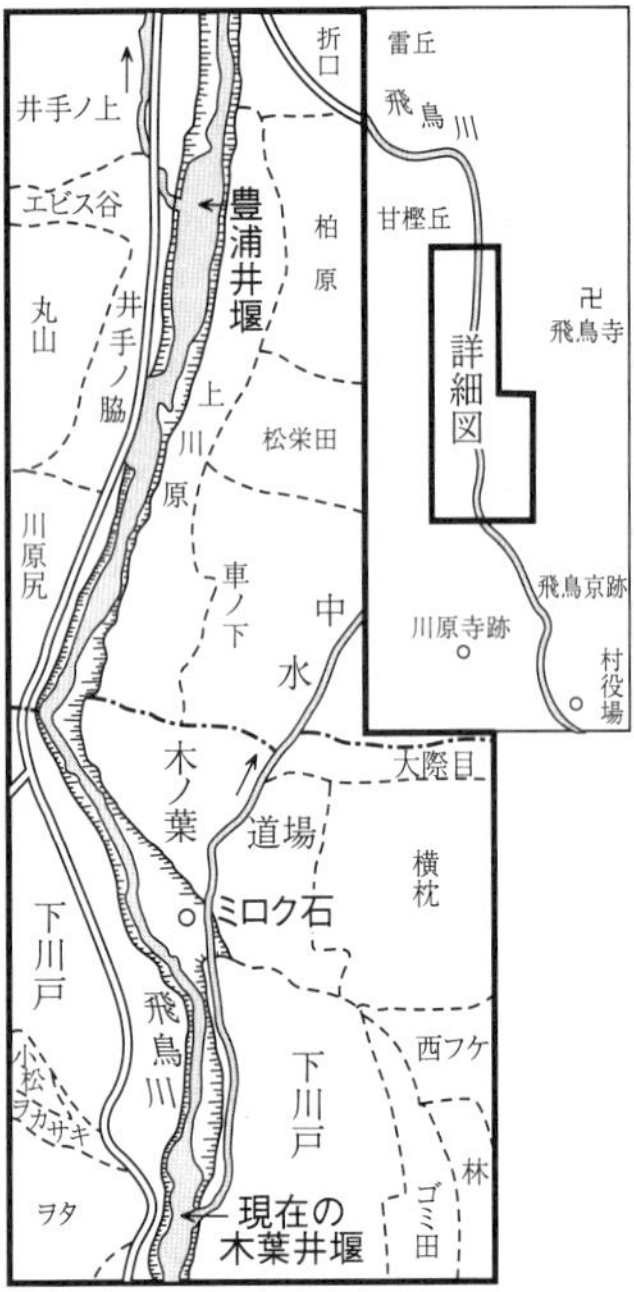

現在も残る明日香村の井堰と周辺の小字

木葉堰、豊浦堰、大堰、今堰、橋堰、飛田堰、佐味堰

豊瀬御庄内を流れる飛鳥川に設けられた井堰を、上流から順に挙げているらしい。現在の井堰と比較すると、木葉井堰と豊浦井堰は一致しており、この両井堰は十一世紀後半にはすでに存在していた。それも以下にみるように、さらに古代にまで遡る可能性が大きい。木葉井堰はどのように利用されていたのだろうか。

図にみるように、現在の木葉井堰は明日香村岡の小字「下川戸」に設けられている。かつては約一二〇メートル下流の小字「木《こ》ノ葉《は》」にあった。小字「木ノ葉」付近の河床が浅くなったため、さらに上流に移されたのである。

ミロク石とは何か

注目されるのは、その小字「木ノ葉」と「道場《どうじょう》」との小字界に、弥勒石《みろくいし》(以下、「ミロク石」とする)が所在することである。ミロク石(本章扉参照)は、飛鳥の謎の石造物の一つ。飛鳥寺の西門からだと、西南へ約三〇〇メートル歩く。飛鳥川右岸の川辺にあり、雨露がかからぬよう、小さな堂宇が建てられている。

ミロク石の現状は、高さ約二・五メートル、幅一・二メートル、奥行き一メートル。石材は飛鳥で産する石英閃緑岩(一般に「飛鳥石」と称する)。頭部に口らしい窪みはあるものの、摩滅が著しく、容貌も定かではない。正面と左右の側面は平滑に面取りされていて、柱状である。ミロク石の呼称が示すように、地元では石仏として信仰されてきた。訪ねてみると、小さなお堂の板壁に沢山の草鞋が懸けられている。村人が旅中安全を願って奉納したもの。信仰は今も脈脈と生きている。

しかしミロク石を石仏とするのは難しい。正面と両側面が平滑で、柱状だからである。別の目的で用いられていたものが、後に転用され、弥勒石仏と称されるようになったのではないか。本来の用途を推測してみよう。

飛鳥川手前の右端に井堰，中央松の木の下にミロク石の堂がみえる（『西国三十三所名所図会』より）

ミロク石については、近世以前の記録には全くみえず、幕末の嘉永六年（一八五三）三月に出版された、暁鐘成《あかつきのかねなり》の『西国三十三所名所図会《ずえ》』の挿図が最も古い。現在と同様、ミロク石は飛鳥川の東岸に西面して立つが、地元の伝承では、かつて飛鳥川の川底から掘りだし、現在地まで引き上げたという。この図ではミロク石の右手に井堰がある。よく見ると、飛鳥川の本流とは別に分流があり、そこに井堰が描かれている。ミロク石とはやや離れているが、かつて小字「木ノ葉」にあった木葉井堰とみてよい。

木葉井堰から引かれる分水を、今日では「中水《なかすい》」と称している。「中水」は、飛鳥寺の西側を通って北流し、大宮大寺跡の西を通って、香具山西南麓(法然寺付近)で中ノ川に注ぎ、木《き》ノ本《もと》(橿原市木之本町)に至っている。地元では、「木《こ》ノ葉の水は木《き》ノ本へ落ちる」と言い習わしてきた。木葉井堰の分水は木ノ本までを潤す意。洒落た表現である。

道場法師の説話

木葉井堰やミロク石に関連して、『日本霊異記《にほんりょういき》』の上巻第三縁に、興味深い説話がみえる。『日本霊異記』(正式には『日本国現報善悪霊異記』)は、薬師寺僧の景戒《きょうかい》が平安時代初めに著わした仏教説話集。民衆を対象に、仏教の霊験を具体的に説いた説話が多い。

上巻第三縁は、強力《ごうりき》だったと伝承される道場《どうじょう》法師を主人公とする説話(道場法師系説話という)の一つ。次の三段から成る。

敏達《びたつ》天皇の時代(五七二〜五八五)に、尾張国阿育知郡片蕝里《あゆちのこおりかたわのさと》に住む農夫が空から落ちた雷を助けたことから、強力の子を授かった(第一段)。その子が生長して十有余になった頃、朝廷の力すぐれた王と力比べして勝った。その後、元興寺(飛鳥の本元興寺。飛鳥寺)の童子となり、鐘堂の悪鬼を退治した(第二段)。

童子は後に優婆塞《うばそく》(半僧半俗の仏道者)となり、なおも元興寺に住んでいた。元興寺では、寺域周辺の開墾を進めて、寺田に水を引き入れようとしたが、諸王らの妨害にあう。強力の優婆塞は、十人でやっと持てるほどの鋤柄《すきがら》を水門の口に立て、寺田に水を入れるが、王らは再び妨害する。そこで優婆塞が百人がかりで引く大石を水門に据えたところ、妨害はなくなった。寺僧らは優婆塞が得度して出家することを認めたので、道場法師と称されたという（第三段）。

第三段の内容がとりわけ興味深い。飛鳥寺では飛鳥川に井堰を作り、飛鳥寺周辺の寺田を潤したという事実を、強力の道場法師と結びつけて説話化したものだろう。ミロク石のすぐそばが、小字「道場」である（三二頁の図）。この一帯に、飛鳥寺に関わる建物（道場）があったとみてよい。

飛鳥寺に住む強力の道場法師にまつわる伝承は、よほど人口に膾炙《かいしゃ》したらしい。ちなみに治安三年（一〇二三）十月、藤原道長は金剛峯寺（高野山）へ参詣する途次、飛鳥寺の宝倉を開いて、道場法師が鐘楼の悪鬼から引き剝がした鬼髪を見ようとしたが果たさなかったという（『扶桑略記』）。

近世以前の木葉井堰が小字「木ノ葉」にあったことを考えると、ミロク石は木葉井堰に関わる石造物だったのではないだろうか。かつて飛鳥川の川底から引き上げられたと言い伝えられているのも、それを裏づける。道場法師は飛鳥川に設けられた井堰の水門に、百人がかりで引く大石を据えたという。水門のやや下流に大石を据えれば、水門付近に水が淀み、取水しやすくなる。

木葉井堰の用水は、飛鳥寺周辺から香具山西麓に至る一帯を潤すためのものだった。そのことに留意すると、崇峻紀元年(五八八)是歳《このとし》条の、真神原にあった飛鳥衣縫造《きぬぬいのみやつこ》の祖《おや》の「樹葉《このは》」という者の家を壊し、法興寺(元興寺・飛鳥寺)を建て始めたという記事とのかかわりが見えてくる。「木葉」井堰の呼称と、「樹葉」の名が同一であることに気づく。

雄略朝に渡来した漢織《あやはとり》・呉織《くれはとり》・衣縫《きぬぬい》らの後裔が飛鳥衣縫部である。その統率者すなわち伴造《とものみやつこ》であった飛鳥衣縫造は今来才伎《いまきのてひと》であり、今来漢人とも称されたとみてよい。木葉井堰が飛鳥衣縫造樹葉の名を冠している事実は、樹葉がこの井堰を実際に造ったかどうかは別として、高度の土木技術をもつ今来漢人が飛鳥川に井堰を設けて分水し、下流域を潤すことにより、「アスカ」とその北方域の開発が進められたことを示している。

古代飛鳥開発小史

ここで改めて飛鳥はどのように開かれていったかを、最新の発掘成果に基づいて概観しておこう。(以下の記述は、二〇〇二年四月に刊行された奈良文化財研究所飛鳥資料館の図録、『「あすか」以前』に依拠し、若干の私見を加えている。)

意外なことだが、飛鳥では縄文時代の遺物がかなり見つかっている。縄文時代初めの有舌尖頭器(ポイント)が檜前の脇田遺跡や、飛鳥池遺跡で、そのほかにも縄文土器片や石器、また土器を棺とした縄文晩期の墓跡が、飛鳥時代の遺構の下層から検出されている。

こうしてみると、縄文時代の飛鳥では原野が広がり、一時的にせよ人々が生活を営んでいたことがわかる。とりわけ飛鳥川右岸地域に遺跡や遺物出土地が多いことは、鳥獣の棲息に適した土地だったからだろう。

弥生時代の拠点集落としては、橿原市の四分《しぶ》遺跡がよく知られている。藤原宮の西南隅にあたる、飛鳥川右岸の微高地に立地していた。花粉分析によると、ムラの一帯には、照葉樹であるカシ・シイ、落葉広葉樹のトチノキなどの繁る森が広がっていたらしい。弥生中期になると、外濠と内濠がめぐらされる。内濠に囲まれた四分ムラの広がりは、東西二五〇メートル、南北五〇〇メートルにも及ぶ。多数の住居や井戸があり、中央東側には水田があった。

弥生後期になると、飛鳥川の大洪水で環濠や墓域は埋もれ、ムラの姿はわからなくなる。そして古墳時代の五世紀後半になって、渡来した人々により再開発が行なわれるのである。

古墳時代の飛鳥と藤原京域における遺跡・遺物の分布状況をみると、飛鳥寺やその北の石神遺跡の一帯を中心に、韓式系土器が多く出土していることが注目される。韓式系土器とは、五世紀代に朝鮮半島南部から渡来した人々が、祖国での技術と倭国の材料で作った軟質の土器をいう。従来の倭国にはなかった生活様式と調理法をもたらした。これらの地域は、先に雄略紀に今来漢人が住んだと述べた、上桃原、下桃原、真神原にほぼ対応している。韓式系土器の出

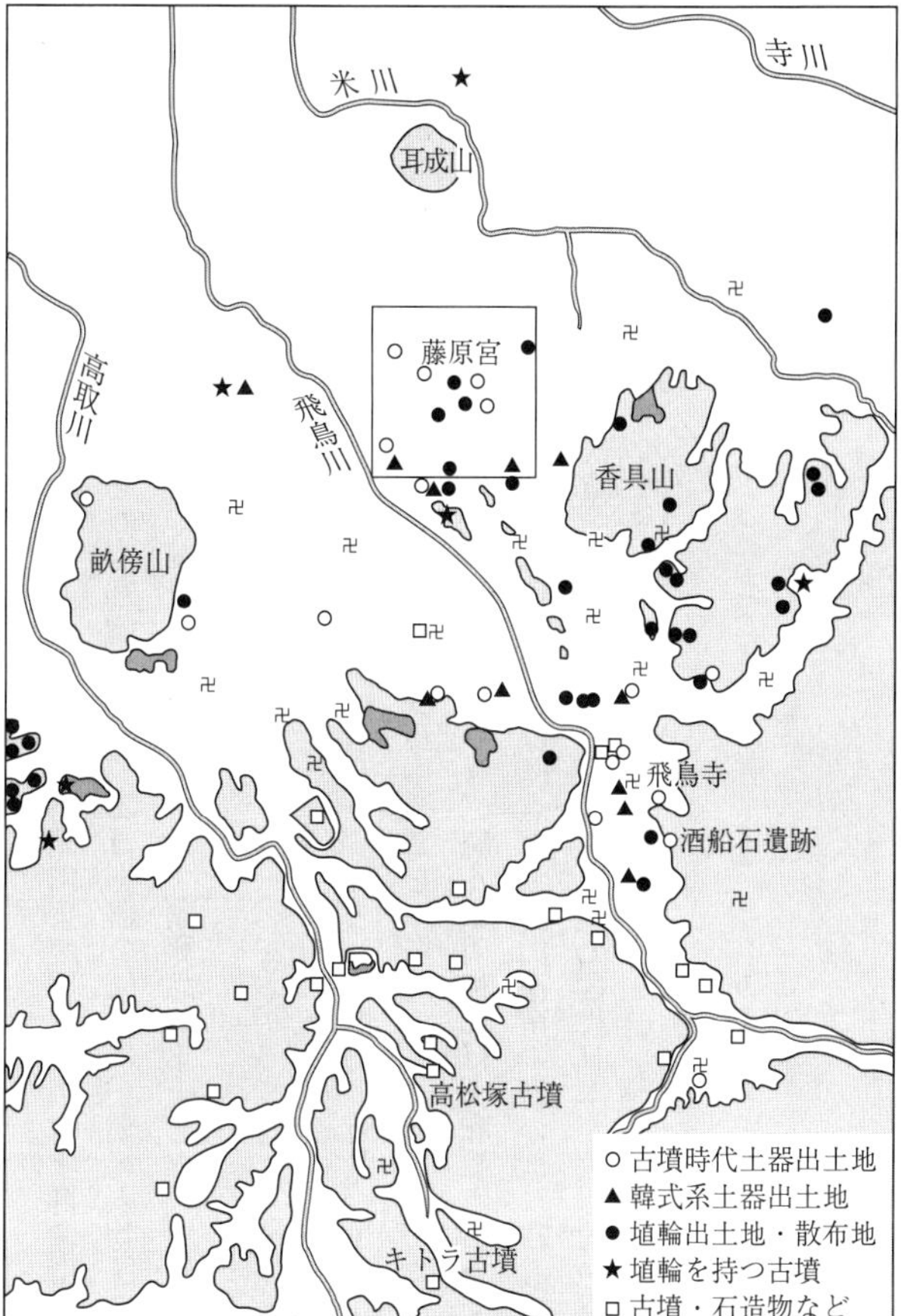

飛鳥藤原京域の古墳時代遺跡・遺物の分布(『「あすか」以前』より)

土する遺跡は、今来漢人の住むムラだった。

古墳にも、渡来した人々に結びつくものがある。香具山東南部の南山古墳群(橿原市南山町)である。五基の円墳から成り、その四号墳からは、陶質土器のほかに、騎馬人物像の飾りのある角坏、連環壺、鉄鋌《てってい》など、朝鮮半島とのつながりを示す副葬品が出土した。五世紀後半の築造なので、今来漢人との関わりを想定できるだろう。

飛鳥の開発は、以上にみたような経緯で進められた。そうした歴史的背景のもと、蘇我氏の飛鳥進出が行なわれる。蘇我氏はもともと曾我川中流域を本拠地としていたが、六世紀前半の宣化天皇即位に際して蘇我臣稲目は大臣に任命され、続く欽明朝には大和政権の外交・財政担当の執政官として活躍する。稲目は六世紀中葉に拠点を畝傍山東南の軽の地に移し、さらに六世紀末には飛鳥へ進出した。次章では、蘇我氏の進出によって古代日本の政治的中枢としての相貌をあらわしていく飛鳥をみていこう。

第二章　蘇我氏の登場

飛鳥寺の丈六の釈迦如来像
（飛鳥大仏，安居院蔵）

天皇号について

蘇我氏が飛鳥へ進出した経緯やその背景について述べるに先だち、天皇号の表記についてふれておきたい。これまでの記述でも、「推古天皇」のように天皇号を用いてきた。以下でも同様に記述を進めるので、その理由をここで簡略に説明しておく。

飛鳥池遺跡から出土した木簡に「天皇聚□弘寅□」と記すものがあり、天武朝に「天皇」号を用いていたことは確実になった。しかしそれは、天武朝から「天皇」号使用が始まったことを意味しない。「天皇」号は、推古〜天智朝の資料にも散見するからである。

たとえば六二二年に聖徳太子が亡くなって間もない頃に製作された天寿国繡帳に、「天皇」の用例がみえている。また丙寅《へいいん》年(天智五年)四月の金銅弥勒菩薩像(大阪府羽曳野市の野中寺蔵)に「中宮天皇」、戊辰《ぼしん》年(天智七年)の船首王後《ふねのおびとおうご》の墓誌(三井文庫蔵)に「阿須迦宮《あすかのみや》治天下天皇(舒明《じょめい》天皇)」などとみえている。これらの製作時期を天武朝以降とする説もあるが、私はまだ与することが出来ない。また退位した皇極《こうぎょく》天皇は皇祖母尊《すめみおやのみこと》と呼ばれた。「皇祖母」の呼称は、「天皇」号の存在を前提としている。

私は、推古朝にそれまでの「大王(オホキミ)」に加えて「天皇命《あまつすめらみこと》」の呼称が生まれ、次第に「天皇(スメラミコト)」の呼称が定着し、天智朝に至って対外的にも「天皇」称号を使用し始めたと考えている。その時期は「日本」国号の採用とも重なるだろう。

大王号と天皇号を厳密に区別して記すべきではある。しかし現況では、「天皇」号の成立した時期を天武朝に限定できないと思う。こうした理由から、本書では「―天皇」の表現で統一し、以下、記述することにしたい。

蘇我氏とその同族

蘇我氏本宗家の系譜は次のとおりである。

蘇賀石河宿禰《そがのいしかわのすくね》―満智《まち》―韓子《からこ》―高麗《こま》―稲目―馬子―蝦夷―入鹿

蘇我満智宿禰は、五世紀中頃の履中朝に、平群木菟宿禰《へぐりのつくのすくね》・物部伊莒弗大連《もののべのいこふのおおむらじ》・葛城円大使主《かつらぎのつぶらのおおみ》らとともに国事を執ったとされ(履中紀)、また雄略朝には三蔵(斎蔵《いみくら》・内蔵・大蔵)を検校《けんぎょう》(監督)したとも伝える(『古語拾遺』)。しかし実在性に乏しい。むしろ稲目・馬子・蝦夷が相次いで大臣に就任した事実に基づき、後に語り出された祖先系譜と考えられる。

満智の子や孫にあたる韓子や高麗の名に注目したい。蘇我氏は五世紀代に大和王権の対外交渉に従事した氏族だったのではないだろうか。憶測を逞しくすると、伽耶や高句麗の女性を妻として子を儲けたので、韓子・高麗と名付けたかと思われる。

蘇我氏はもともと、畝傍山の西を北流して大和川に至る曾我川の中流域を拠点としていたらしい。「紀氏家牒」によれば、蘇我氏の本拠地は高市県《たけちのあがた》の蘇我里《そがのさと》であった。橿原市に曾我町の地名が残り、式内大社の宗我《そが》坐《にいます》宗我都比古《そがつひこ》神社が鎮座している。宗我(蘇我)の地にいますソガツヒコ神を祀る神社だから、この地が蘇我氏の本拠地だろう。曾我川沿いで、東南方向に畝傍山を望む所である。

『古事記』の孝元天皇段に、建内宿禰《たけしうちのすくね》(『日本書紀』での表記は武内宿禰)を祖とする有名な系譜がある。建内宿禰の子である蘇賀石河宿禰を祖と伝える氏族に、蘇我臣・川辺臣・田中臣・高向《たかむく》臣・小治田臣・桜井臣・岸田臣などがみえ、同族とされた。また平安初期に編纂された古代氏族の系譜書、『新撰姓氏録』に蘇我稲目の兄弟か子を祖とし、大和と河内に本拠を持つ氏族として、田中臣、小治田臣、久米臣、箭口《やぐち》臣、岸田臣、川辺臣、桜井臣、高向臣がみえる。

蘇我氏の氏上《うじのかみ》であった稲目の大臣《おおおみ》就任を契機に、蘇我氏は急速に勢力を伸長し、稲目の兄弟や子は臣《おみ》の姓(カバネ)を与えられて分立、強固な同族集団を形成するに至ったと考えられる。

また蘇我氏の同族の石川臣はもともと河内国石川郡を本拠としていたが、一族の内には大和の軽《かる》の地に移り住んだものがいたし、石川臣と同祖の氏族にも、田中臣・星川臣・林臣のように、大和を本拠とするものがあった。

蘇我氏の同族は、大和の飛鳥とその周辺地域、奈良盆地中央部、金剛山山麓、河内の石川・錦織《にしごり》郡に分布していた。桜井臣にも、後に飛鳥の豊浦《とゆら》近くにも分かれ住んだ一族がいたらしい。八世紀には葛城寺の前で豊浦寺の西に当たる所に、「桜井」と称される井戸があったとされる。桜井臣が居住していたことに基づく呼称だろう。

蘇我臣入鹿は林臣、林太郎とも称されたから、その母親は葛城(奈良県御所市林・朝妻付近)の林臣出身だったと思われる。推古朝に、蘇我大臣馬子が葛城県《かつらぎのあがた》の割譲を要求した背景とも結びつく(第三章2節参照)。

蘇我大臣稲目の登場

六世紀中頃に、蘇我氏はその本拠地を、畝傍山東南の軽の地域に移した。橿原市大軽町から石川町にかけての一帯で、見瀬丸山古墳の周辺地域にあたる。その契機となったのは、欽明十七年(五五六)に、蘇我大臣稲目が大身狭屯倉《おおむさのみやけ》・小身狭《おむさ》屯倉の経営に当たったことにある。身狭《むさ》の地域は軽の西側で、橿原市見瀬《みせ》町から鳥屋《とりや》町にかけての一帯。屯倉は朝廷の直轄領である。身狭の地名が後に見瀬となった。記憶をたどると、三十年ほど前は水田や低い丘陵の続く所だったが、その後、ニュータウンが建設されて、今では往時の景観を偲ぶことも難しい。

軽に移る以前、五三六年の宣化天皇即位に際して、蘇我臣稲目は大臣に任命されている。稲目は欽明《きんめい》三十一年(五七〇)三月に亡くなるから、大臣在任期間は三十四年の長きに及ぶ。稲目が大臣にあった時期に、蘇我氏の政治権力は確固たるものになった。

その背景として、外交政策では百済との関係を一段と強化したこと、新しい屯倉経営で大和政権の財政基盤を確立したこと、仏教受容に積極的であったこと、稲目の娘である堅塩媛《きたしひめ》・小《お》姉君《あねのきみ》が欽明天皇の妃となり、多数の皇子・皇女を儲けたことなどがあげられる。

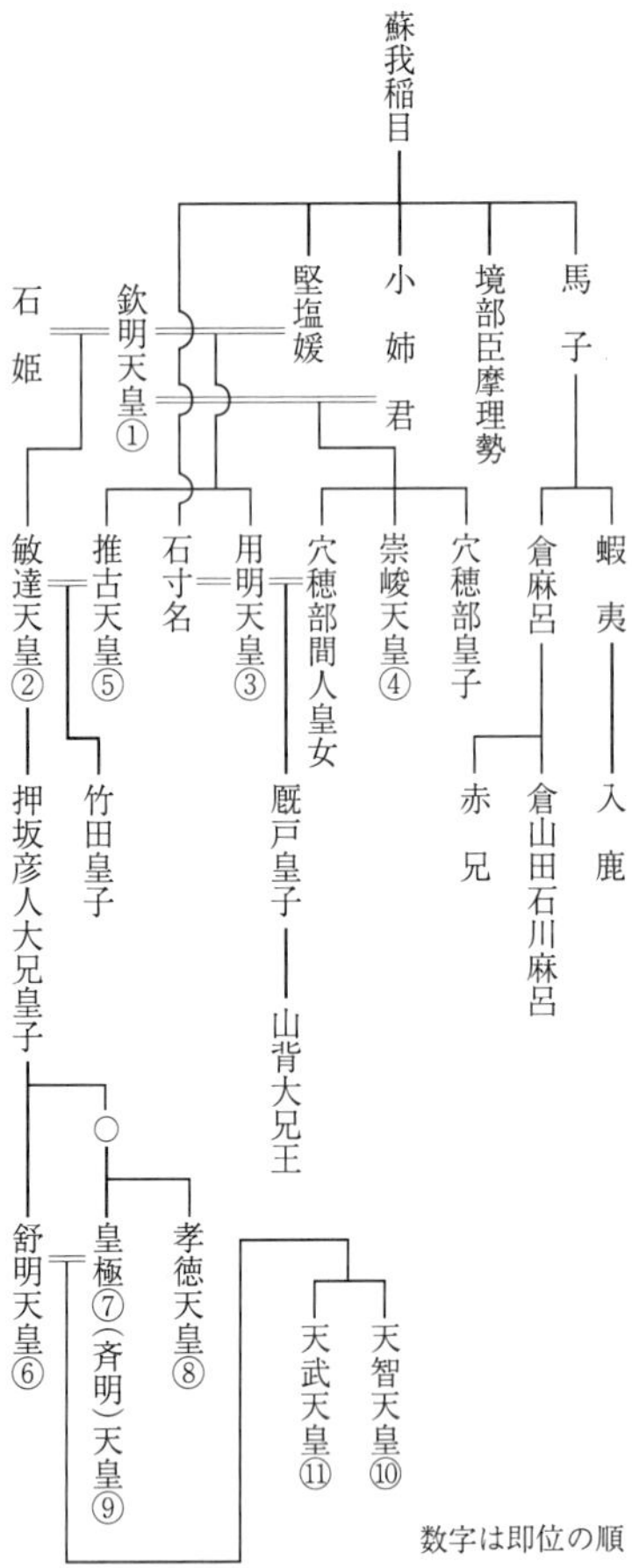

蘇我氏と天皇家の関係

欽明朝における外交課題は、五三二年に新羅に併合された朝鮮半島南部の金官伽耶《きんかんかや》(駕洛国《からこく》)を中心とする地域(『日本書紀』では「任那《みまな》」とする)を復興し、再び倭国の勢力下におくことにあった。欽明即位に際して、それまで権勢を振るっていた大伴大連金村《かなむら》は任那問題につまずいて失脚し、その後、外交を担当したのが蘇我大臣稲目である。

欽明九年(五四八)に高句麗軍が朝鮮半島を南下し、百済に侵入した。百済は新羅の救援を得て、高句麗軍を撃退したが、以後、新羅は次第に強大化し、たびたび百済を攻撃した。百済は倭国に救援を要請し、倭国はそれに応えて軍兵を送るが、その条件として五経博士や諸博士の派遣を要請した。従来にもまして、百済文化が倭国に流入する結果となった。

蘇我大臣稲目はまた、大和政権内における財政担当者として、各地に屯倉を設置した。とりわけ吉備の児島屯倉・白猪《しらい》屯倉や、大和の大身狭屯倉・小身狭屯倉の経営に成功したことが特筆される。水路・道路を整えて水田を画一化し、牛耕を行なうとともに、水田を耕作する田部《たべ》の名籍を作成して管理を強化し、屯倉の拡充をはかる方式をとった。この大身狭屯倉・小身狭屯倉の経営に際し、蘇我氏は先に述べたように本拠地を身狭に隣接する軽の地に移したらしい。稲目の家は軽曲殿《かるのまがりどの》と称された(欽明紀二十三年八月条)。軽には第四代懿徳《いとく》天皇の軽曲峡宮《かるのまがりおのみや》が伝承されており(『日本書紀』)、おそらく軽の曲の地に稲目の「殿」が営まれた。

政治権力の強大化を背景に、欽明天皇の妃とした娘の堅塩媛と小姉君の二人は多数の皇子・

皇女を儲けたから、稲目が天皇家の外戚として大きな勢力をもったことは想像に難くない。

仏教の伝来

稲目は仏教の篤信者だった。欽明十三年(五五二)、百済の聖明王《せいめいおう》は使者を遣わして、金銅の釈迦仏像一体と幡蓋《はたきぬがさ》や経論を献じた。『日本書紀』にいわゆる仏教公伝の記事としてあらわれる。稲目は釈迦仏像を譲り受け、小墾田の家に安置して勤修するとともに、向原《むくはら》の家を喜捨して寺としたという。仏教公伝の年次については、戊午《ぼご》年(五三八)とする史料があって(『上宮聖徳法王帝説』「元興寺伽藍《がらん》縁起 并《ならびにる》 流記《き》資財帳」)、今日では五三八年説が定説化している。第一章でふれたように、仏教公伝に先立って、渡来した人々の間ではすでに仏教信仰は広がっており、継体朝に渡来した司馬達止は坂田原で草堂を結び、仏像を安置して帰依礼拝していた。

小墾田の開発は六世紀末と考えられるので、小墾田に稲目の家があったとは考えにくい。ただ向原の家を草堂とし、仏像を安置した可能性はある。向原は明日香村豊浦の向原寺《こうげんじ》の一帯。近鉄橿原神宮前駅から真東に一・六、七キロのところ。橿原神宮前駅から岡寺行きのバスに乗ると、豊浦のバス停がある。後に推古天皇の豊浦宮が営まれ、さらに豊浦尼寺(豊浦寺)とされた。

豊浦寺跡の調査で、向原寺西側の甘樫 坐《あまかしにいます》 神社境内から、豊浦寺の回廊かと思われる石敷遺構が検出された。その下層には豊浦寺創建時の整地面があり、さらにその下から六世紀後半の南北に走る大規模な石組溝がみつかっている。石組溝は稲目の向原の家に関わるものと推定される。甘樫坐神社背後の丘に立つと、すぐ西方に畝傍山を望み、手前には剣池・石川池が広がる。豊浦と軽の地は意外なほど近い。

天平十九年(七四七)二月の「元興寺縁起」では、戊午年十二月に百済から伝えられた太子像を、大大王《おおおおきみ》の牟原(牟久原)後宮《こうきゅう》に置いたと伝え、やや異なる。大大王は敏達の皇后であった額《ぬか》田部皇女《たべのひめみこ》(後の推古天皇)。稲目の娘の堅塩媛は欽明との間に用明・推古らを生んだから、額田部皇女は母の堅塩媛とともに稲目の向原の家で育ったらしい。「元興寺縁起」の記述によれば、額田部皇女は若い頃から仏教信仰に篤かった。

崇仏・排仏論争の意味するもの

欽明三十二年(五七一)四月、欽明天皇は亡くなった。翌年四月に敏達《びたつ》天皇(五七二〜五八五)が即位する。敏達即位に際し、稲目の子である蘇我馬子が新たに大臣に任命され、大連にはこれまでと同様、物部弓削連守屋《もののべのゆげ》が任命された。物部弓削連は守屋の母方の氏の名(弓削連)を付した呼称である。以下、物部大連守屋と記す。

敏達天皇は、「仏法を信《う》けたまはずして、文史を愛《この》みたまふ」と評されたように(敏達即位前紀)、仏教を擁護しなかった。敏達三年(五七四)に馬子は吉備の白猪屯倉を拡充し、耕作者である田部《たべ》を増やすなどの功績があったが、敏達十四年(五八五)には、いわゆる崇仏・排仏の論争が起こり、排仏派の大連守屋や中臣勝海大夫《なかとみのかつみのまえつきみ》らの攻撃にあって苦境に追い込まれる。

崇仏・排仏論争については、「元興寺縁起」に詳しい。『日本書紀』の記述も、ほぼそれに依拠している。これらは、蘇我氏が天皇家や他氏族に先がけて仏教を受容し、数々の迫害を受け苦難に耐えながら信仰を深め、ついには法興寺(元興寺・飛鳥寺)を建立した経緯を物語化したものである。

物部大連守屋の別業(別邸)は河内の阿都《あと》にあり、渋川の家と称された。大阪府八尾市渋川町にある渋川廃寺が物部氏の氏寺と推測できる。すなわち物部氏も仏教を受容していたことは明らかで、「元興寺縁起」や『日本書紀』に基づいて崇仏・排仏論争とされてきたものは、蘇我氏が語り伝えた物語にすぎない。その実態は、蘇我大臣馬子と物部弓削大連守屋の政治権力をめぐる闘争であった。

ここで注目されるのは、仏教の受容は、僧尼による仏像の礼拝や経典の読誦にとどまらなかったことである。仏教文化体系の受容という色合いが濃い。剃髪した異装の僧尼、サンスクリット語で唱えられる陀羅尼《だらに》、幡蓋《はたきぬがさ》などの金銅製の仏具、焚かれる香煙、異国の奏楽、掘立柱建物ではなく、瓦を葺いた礎石立ちの堂塔、朱塗りの柱と緑の櫺子《れんじ》など。全てが従来の倭国にはなかったものばかりである。寺院はエキゾチックな文化センターであり、人々の多く集まる交通の要衝に建てられた。飛鳥で代表的な古代寺院は飛鳥寺（現在の正式寺名は安居《あんご》院《いん》）。止利仏師が製作した丈六の釈迦如来像（飛鳥大仏）のましますことでよく知られている。飛鳥を歩く起点として、これから何度もここに戻ることになるだろう。

馬子の仏教受容

『日本書紀』にみえる崇仏・排仏論争の経緯を、簡単にみておきたい。その発端は、敏達十三年九月に鹿深臣《かふかのおみ》が百済から持ち帰った弥《み》勒《ろく》石像一体と、同じく佐伯連が持ち帰った仏像一体を、馬子が請い受けたことにある。馬子は司《し》馬《ば》達止《たつと》と池辺直氷田《いけべのあたいひた》を諸国に派遣して僧侶を捜させたところ、播磨で高句麗出身の還俗僧恵《げんぞくそうえ》便《べん》を見いだした。司馬達止は前に述べたように「大唐漢人」とされ、また池辺直氷田は倭漢氏の一族で、共に蘇我氏と関わり深い人物である。

馬子は恵便を師僧として、司馬達止の娘で当時十一歳の嶋を出家させた。善信尼である。さらに漢人夜菩《やぼ》の娘の豊女《とよめ》、錦織壺《にしこりのつふ》の娘の石女《いしめ》を出家させて禅蔵尼・恵善尼とし、善信尼の弟子とした。三人の尼僧はいずれも渡来系氏族出身の女性。仏教信仰が渡来系氏族の間で広がっていたことを示す。またわが国最初の出家者が女性であったことも興味深い。初期仏教には、七世父母の菩提をとむらう祖先祭祀や雨請い、病気治しといった現世利益的な性格が著しい。邪馬台国女王卑弥呼の鬼道、崇神天皇の叔母と伝えるヤマトトトヒモモソヒメの託宣、神功皇后の神憑《かみがか》り、皇極天皇の雨請い(「はじめに」参照)など、わが国には巫女王《ふじょおう》の伝承が多い。百済から伝えられた仏も、仏神《ほとけがみ》・他国神《あだしくにのかみ》・蕃神《とつくにのかみ》などと表現され、日本の基層信仰における神々と同様の神の一つと観念されていた。そうした仏神に仕える巫女として、尼僧が選ばれたとも言えよう。

馬子は鹿深臣が百済から将来した弥勒石像を、宅の東方に造った仏殿に安置し、三人の尼僧に請うて大規模な斎会を行なった。馬子の宅の所在地は不明だが、軽の曲《まがり》の地にあったと思われる、槻曲《つきくま》の家かもしれない(用明紀二年四月条)。

軽の地では、東西に延びる阿倍《あべ》山田《やまだ》道《みち》と南北に走る軽路《かるのみち》が交わっていた。ここを軽の衢(チマタ)という。チマタとは、チ(道)とチ(道)が交わってマタ(股)となった所。三叉路や四つ辻をさす。中世になると、チマタに代わってツヂと呼ばれるようになり、国字「辻」が用いられるようになった。七世紀中頃に、軽路は奈良盆地を南北に貫く大道、下《しも》ツ道として整備されたようである。軽のチマタに軽社《かるのやしろ》があり、槻《つき》の樹がそびえて神聖視されていた(一四頁図参照)。『万葉集』に、「天《あま》飛ぶや軽の社の斎槻《いはひつき》幾世まであらむ隠妻《こもりづま》そも」(巻十一―二六五六)と歌われている。槻曲の家の「槻」はこの大槻に由来するようである。稲目の軽曲殿でふれたように、「曲」は軽の一角をさす地名である。

馬子はまた、同年に石川の宅《いえ》にも仏殿を造っており、『日本書紀』は「仏法、初めてこれより作《おこ》る」と記す。石川の宅は橿原市石川町の地だろう。剣池の近くである。蘇我氏と同族の石川臣が、大和の軽の地に移り住んだことから、石川の地名が生じたと思われる。

物部大連守屋の滅亡

物部大連守屋は、欽明朝に大連であった尾輿《おこし》の子であった。物部氏は、履中・反正朝に伊莒《いこ》弗《ふ》が大連になったと伝えるが定かではない。確実なところでは、六世紀になって武烈～宣化朝に麁鹿火《あらかひ》、欽明朝に尾輿が大連に就任した。守屋は敏達天皇即位に際して大連に任命され、崇仏・排仏をめぐる争いでは排仏の立場をとり、大夫の中臣連勝海と共に、蘇我大臣馬子を窮地に追い込んだと、『日本書紀』にはみえている。しかし実際は、守屋の方も仏教崇拝の可否を政治的に利用し、蘇我氏打倒を目ざしていたと判断される。

敏達十四年二月、大臣馬子は大野丘《おおののおか》の北に塔を起こし、盛大に仏会を催して、それ以前に得ていた仏舎利を心柱《しんばしら》の頂に納めた。そののち馬子は病み、国内にも疫病が流行した。大連守屋と大夫の中臣連勝海は、その原因は馬子の仏教崇拝にあるとし、大野丘の塔を切り倒して焼き、さらに仏像・仏殿をも焼いた。以後、善信尼らが海石榴市《つばいち》で鞭打たれるなど、迫害は続く。同年六月、敏達は馬子のみに仏法を行なうことを許したが、同年八月に亡くなった。

同年九月、異母弟の大兄《おおえ》皇子が即位した。用明天皇(五八五～五八七)である。用明は仏教信仰に厚い蘇我氏出身の母(堅塩媛)をもち、「天皇、仏法を信《う》けたまひ、神道《かみのみち》を尊びたまふ」(用明即位前紀)とみえるように、崇仏の立場をとった。用明即位とともに、馬子をとりまく状況は一変する。用明即位から守屋滅亡までを、年表風にまとめてみよう。まことに激動と言うにふさわしい。

敏達十四年(五八五)九月　用明天皇即位。

用明元年(五八六)五月　穴穂部《あなほべ》皇子、物部大連守屋に命じて三輪君逆《みわのきみさかう》を殺害する。

穴穂部皇子は欽明の皇子で、母は小姉君(稲目の娘)。泊瀬部《はつせべ》皇子(崇峻天皇)の同母の兄。即位の野望をもち、もともとは大連守屋の意にそって行動した人物。額田部皇女の寵臣だった三輪君逆を、守屋に命じて殺害させたのもその一端である。

用明二年(五八七)四月二日　用明天皇、重態に陥る。三宝興隆の詔を発す。

病を得た用明は群臣を集めて三宝に帰依したい旨を述べ、その可否を問うた。用明の発病は「瘡《かさ》」とみえるから、天然痘だったらしい。この詔が大激動を引き起こす。穴穂部皇子は守屋を裏切り、仏教支持を表明するため、直ちに豊国法師を内裏に引き入れる挙にでた。そのため情勢不利と判断した大連守屋は、河内の阿都の別業に退く。

中臣連勝海、押坂彦人大兄《おしさかのひこひとのおおえ》皇子の水派宮《みまた》よりの帰り、殺害される。この前後に押坂彦人大兄皇子も死亡したか。

同年四月九日　用明天皇、亡くなる。

用明の病状にわかに募り、危篤に陥った際、司馬達止の子である鞍部多須奈《くらつくりのたすな》は、出家して丈六仏像と寺を造ることを誓った。『日本書紀』では、南淵の坂田寺に安置されている木造の丈六仏像と脇侍の菩薩は、多須奈の造ったものと伝えている。坂田寺については、奈良文化財研究所による発掘調査で、八世紀後半に再建された伽藍が検出された。創建当初の坂田寺は、伽藍再建に際して完全に破壊されていた。天平十四年(七四二)頃の史料に、「坂田寺尼信勝」の名がみえ、坂田寺は善信尼ゆかりの尼寺だったことがわかる。

同年六月　馬子、穴穂部皇子と宅部《やかべ》皇子を殺害する。なお、ここでは詳しく述べる余裕はないが、斑鳩町の藤ノ木古墳の被葬者を、私は穴穂部皇子と宅部皇子と想定している。

同年七月　馬子、諸皇子や群臣を糾合して、守屋を滅ぼす。

馬子の権力掌握

用明二年七月、蘇我大臣馬子は諸皇子や群臣と共に物部大連守屋の渋川の家を襲い、守屋を殺した。皇子らの内には、泊瀬部皇子(後の崇峻天皇)、竹田皇子(敏達の皇子。母は後の推古天皇)、厩戸《うまやど》皇子(聖徳太子)の名がみえる。この戦いに際して、厩戸皇子は勝利すれば護世《ごせ》四王のために寺塔を造ること、大臣馬子も諸天王と大神王のために寺塔を建て、三宝を広めることを誓願した。それで戦いの後、厩戸皇子は摂津に四天王寺を、馬子は飛鳥の地に法興寺（飛鳥寺）を起こしたと伝える（崇峻即位前紀）。

ただし、四天王寺については問題が多い。推古紀元年（五九三）是歳条に四天王寺を難波の荒陵《あらはか》の地に造ったとみえるが、四天王寺から出土する瓦は、斑鳩の法隆寺若草伽藍（焼失した創建時の伽藍）で使用された瓦の笵（型）を再利用しているので、建立時期は若草伽藍とほぼ同時期の七世紀初めか、やや遅れて造営されたものと推定されている。厩戸皇子の在世中のことで、厩戸皇子が建立に関わったのは事実であろう。しかし崇峻朝や推古朝初めまでは遡らない。

物部大連守屋の滅亡により、蘇我大臣馬子は強大な政治権力を手中にした。物部氏は三代にわたり大連を出した大豪族であった。物部氏とともに大連を輩出した大伴氏では、欽明天皇即位に際して大伴大連金村が失脚したから、欽明～用明朝には物部大連尾輿・守屋と蘇我大臣稲目・馬子が、大和王権の武官・文官の最高執政官として並立する状況にあった。守屋の滅亡は、馬子が政治・軍事における全権力を掌握したことを示す。以後、馬子・蝦夷・入鹿の三代による政治主導が、六四五年の乙巳《いっし》の変まで続くことになる。

さらに物部大連守屋の滅亡は、蘇我氏に莫大な経済的利益をもたらした。蘇我氏はその同族が河内の石川・錦織郡に分布していたことからもわかるように、南河内に所領を持っていた。

しかし石川の上流域であるため、可耕地はそれほど広くはない。守屋の滅亡により、河内湖の周辺に広がる中河内が蘇我氏の所領となった。それは馬子の妻が守屋の妹だったことによる。『日本書紀』によると、守屋が所有した奴の半ばと宅を、四天王寺の奴と田荘としたという。また、「四天王寺御手印縁起」(四天王寺蔵。国宝)では、田園一八万六八九〇代(約三七四〇町)、居宅三ヶ所、守屋の子孫従類二三七人を、四天王寺の財物としたとみえる。この「縁起」は、寛弘四年(一〇〇七)八月に出現したと伝えられるもので、聖徳太子の自筆とされ、太子の御手印が押されるなど、史料的には問題が多い。やはり守屋滅亡後、その財産は妹に伝領され、馬子の所有になったとみるべきだろう。

広大な田園の面積からすれば、中河内のみならず、物部氏の同族が分布していた北河内にも及ぶ範囲だったと推測できる。次章でふれるが、推古朝における中河内・南河内での大規模な池溝(水利施設)の開発は、こうした状況と深く関わっている。

崇峻天皇の暗殺

用明天皇の没後、用明二年(五八七)八月に泊瀬部皇子が即位した。崇峻天皇である。欽明天皇の皇子であり、母は蘇我稲目の娘である小姉君。同年六月に殺害された穴穂部皇子の同母弟にあたる。額田部皇女(後の推古天皇)と群臣の勧めで、崇峻即位の運びとなった(『日本書紀』)。

その背景には、伯父にあたる馬子の意向が働いていたことは想像に難くない。守屋討滅の戦いに際して、従軍した諸皇子の最初に泊瀬部皇子の名がみえており、馬子の意に適う皇子であった。

しかし二人の協調体制は間もなく崩れる。いくつかの理由をあげうるが、第一に崇峻天皇の妃に、大伴連糠手《あらて》(子《こ》)の娘の小手子《こてこ》がいて、蜂子《はちのこ》皇子を儲けていたことである。馬子の娘の河上娘《かわかみのいらつめ》も妃であったが、子はなかった。糠手子の兄弟には、磐《いわ》・狭手彦《さでひこ》・咋《くい》(囓)など有力な武将がおり、馬子はかつて大連を出した大伴氏の再興を危惧したのではないだろうか。

第二に、対外政策で両者の間に意見の相違があったかと思われる。蘇我氏は伝統的に百済と友好関係を保つ外交政策をとっていた。一方、欽明天皇は敏達天皇に、新羅を討ち任那を復興するよう遺言した。敏達もまた用明に同様の遺言をしている。

崇峻四年(五九一)八月、崇峻天皇は群臣に詔して、任那復興を諮り、賛同を得た。同年十一月、紀男麻呂宿禰《きのおまろのすくね》・巨勢臣比良夫《こせのおみひらふ》・大伴囓連・葛城烏奈良臣《おならのおみ》らを大将軍に任じ、兵二万余を筑紫に出陣させた。大将軍のうち、紀・巨勢・葛城氏は蘇我氏と同様、建内宿禰を祖とする氏族であるから、馬子も当初はこの軍事行動に賛同していたらしい。

しかし二万余の兵は朝鮮半島に渡らず、なぜか筑紫に留まったままで、推古三年(五九五)に至り筑紫から引き上げている。その理由は判然としないが、五八九年に隋が南朝の陳を滅ぼして中国を統一し、強大な国家を樹立したとの情報がもたらされたことがあったかもしれない。憶測を逞しくすると、筑紫の兵団を朝鮮半島に渡らせるか否かで、崇峻天皇と馬子との間に対立を生じたのではないだろうか。崇峻は強硬派だったと思われる。

　そうした状況の下、崇峻五年(五九二)十一月、東国から調《みつき》が届けられた日に、大臣馬子は東《やまとの》(倭)漢直駒《あやのあたいこま》に命じて天皇を殺害させ、その日のうちに倉梯岡《くらはしのおか》陵に葬った。『日本書紀』は、崇峻天皇は大臣馬子を嫌い、常にもまして兵仗(護衛)を設けたとか、妃の大伴小手子が天皇の寵の衰えたことを恨み、馬子に讒言《ざんげん》したなどの理由をあげている。また馬子は、その後刺客の東漢直駒が妃の河上娘(馬子の娘)を妻としたことを聞き、駒を殺したという。

崇峻天皇陵をめぐって

　崇峻天皇暗殺は大臣馬子の汚点とされる。しかし『日本書紀』の一連の記述は、蘇我大臣馬子や入鹿を悪臣とする『日本書紀』編者らの歴史観が色濃く反映しているとみてよい。崇峻天皇は殺害され、その日のうちに倉梯岡に葬られたというのも、そうした記事の一つだろう。『延喜《えんぎ》式《しき》』の諸陵墓式も『日本書紀』の記述を踏襲していて、崇峻の倉梯岡陵について、「陵地ならびに陵戸なし」とする。

　桜井市倉橋に所在する現在の崇峻陵は、一八八九年(明治二十二)に決定された。崇峻天皇の倉橋柴垣宮《くらはしのしばがきのみや》の旧地と伝えられてきた小字《こあざ》「天皇屋敷」に、崇峻の位牌を祀る金福寺があったことから、同地を陵地と決定したもので、根拠に乏しい。それで近年では、桜井市倉橋に所在する巨大方墳、赤坂天王山《てんのうざん》古墳を崇峻陵とする森浩一氏の見解が有力視されるようになっている。六世紀末から七世紀初頭に築造された方墳で、東西四五・五メートル、南北四二・二メートル、高さ約九・一メートル。

私は古代史研究者で、考古学を専門とする者ではない。ただ大学一・二回生の折、考古学研究会に所属していたことから、古墳見学をよくする。数ある古墳のなかでも、赤坂天王山古墳の見学はまことに無気味。何度か横穴式石室に潜ったが、懐中電灯の明かりを頼りに、腹這いながら進むのは、まるで地底へ下りて行くように感じる。蛇でも出てきたら、と思うと冷汗がにじむ。

六世紀末になると前方後円墳は姿を消す。代わって七世紀前半にかけ巨大な方墳が築造された。大阪府南河内郡太子町の春日向山《かすがむかいやま》古墳や山田高塚古墳などである。それぞれ用明天皇陵・推古天皇陵とされており、考古学的にも問題はない。また推古三十四年(六二六)に亡くなった蘇我大臣馬子の墓と推定される石舞台古墳(明日香村島庄《しまのしょう》)は、一辺約五〇メートルの巨大方墳で、全長一九・一メートルの横穴式石室を有する。それらの規模に比べると、赤坂天王山古墳は一回り小さいが、全長一七メートルの横穴式石室をもち、巨大方墳であることに違いはない。

崇峻天皇は倉梯に宮を営んでいた。倉梯宮(『日本書紀』)、倉椅柴垣宮《くらはし》(『古事記』)と伝える。また赤坂天王山古墳の立地も、倉梯岡陵の呼称によく適っている。赤坂天王山古墳を崇峻天皇陵とみて間違いないだろう。蘇我大臣馬子が崇峻天皇を暗殺したことまでを疑うことは出来ないが、崇峻が殺害されたその日に埋葬され、「陵地なし」との記述のように、山陵を造営しなかったというのは事実ではない。『日本書紀』編者らの歴史観に基づく舞文曲筆と思う。

磐余から飛鳥へ

崇峻天皇暗殺の後、崇峻五年(五九二)十二月に額田部皇女は飛鳥の豊浦宮で即位した。推古天皇である。六世紀代の歴代の王宮は、次頁の表にみるように、ほぼ一貫して奈良盆地東南部の磐余《いわれ》地域に営まれた。桜井市の西南部にあたり、正確に言えば寺川の左岸(西側)一帯で、香具山に及ぶ範囲である。

六世紀代に王宮が集中した磐余を離れて、なぜ推古は飛鳥の豊浦宮で即位したのだろうか。両地域の立地条件を比較してみると、磐余は水陸交通の要衝で、奈良盆地を一望しうる所。隣接する磯城《しき》の地、三輪山西南麓の海石榴市から、北方へは春日断層崖下を山辺《やまのべ》の道が延び、奈良山丘陵を越え、宇治・山科をへて近江へ。東方へは初瀬の渓谷をたどり、宇陀から伊賀・伊

6世紀の王宮とその比定地

天皇	宮	
	宮の名	比定地
継体	樟葉宮	大阪府枚方市楠葉付近
	筒城宮	京都府京田辺市多々羅付近
	弟国宮	〃　長岡京市付近
	磐余玉穂宮	奈良県桜井市池之内付近
安閑	勾金橋宮	〃　橿原市曲川町付近
宣化	檜前廬入野宮	〃　高市郡明日香村檜前付近
欽明	磯城嶋金刺宮	〃　桜井市外山付近
敏達	百済大井宮	〃　北葛城郡広陵町百済付近
	訳語田幸玉宮	〃　桜井市戒重付近
用明	磐余池辺双槻宮	〃　桜井市池之内付近
崇峻	倉梯宮	〃　桜井市倉橋付近

勢へ。西方へは二上山《にじょうさん》の北側あるいは南側を越えて、河内から住吉津や難波津へ。西南方向へは紀路《きじ》が延び、飛鳥・巨勢《こせ》谷・宇智の大野をへて真土《まつち》(待乳)峠を越え、紀ノ川河口へ達していた。飛鳥への玄関口としての機能は、飛鳥に諸宮が営まれた七世紀代においても続いている。海石榴市は四方へ道が通じていたところから、「海石榴市の八十《やそ》のチマタ」と称された。また初瀬川(大和川)に望む河港があり、大和川水運を利用することが出来た。藤原宮の時代にも海石榴市の河港は大いに利用されたし、平城宮造営に際しては、ここから舟を利用して人々や諸物資を運んだことが『万葉集』に歌われている(巻一—七九・八〇)。

それに対して飛鳥は磐余の南方に位置し、三方を山や丘陵で囲まれ、わずかに西北方向に開けるにすぎない。紀路の重要度が増したとはいえ、陸路の至便さという点では磐余にははるかに及ばない。防衛という観点からみると優れているが、やや奥まった所との印象を受ける。

阿倍山田道と磐余道

磐余と飛鳥を結ぶのが、これまでに何度かふれた阿倍山田道《あべやまだみち》である。飛鳥を西から東に横切り、山田寺のあたりからゆるやかに北へ向かって安倍文殊院を通り、現・桜井市の市街を抜けていた。桜井市阿部でその一部が検出され、七世紀中葉にはすでに敷設されていたことが判明している。桜井市粟殿《おうどの》にある桜井市役所付近から、明日香村豊浦までの距離は約六キロメートル。阿倍山田道をたどると、所用時間は一時間半ほどである。

また桜井市山田で発見された小立《こだち》古墳の周濠内から、七世紀後半のものと推測される木製の車輪が出土している。磐余と飛鳥を結ぶ阿倍山田道の往来に、車(牛車か)が利用されていたことを示す。車の通行に便利なように、路面に砂利を敷いたり、叩き締めるなどの工法がとられていたかと思われるが、目下のところ、判明していない。飛鳥では石神遺跡で「勢岐官《せきのつかさ》」と記した木簡が出土している。「関司(塞職)」を意味する。阿倍山田道に関が置かれていた可能性は、車輪の出土とあわせて興味深い。

桜井市池之内から、香具山の東辺をたどって橿原市戒外《かいげ》町・南山町に至る道もあった。磐余道である。朱鳥《あかみとり》元年(六八六)十月二日、謀反の疑いで捕えられた大津皇子は、この道をたどり訳語田舎《おさだのいえ》（桜井市戒重《かいじゅう》付近）へ連行された。磐余池はこの道沿いの桜井市池之内付近に想定できる。

飛鳥の蘇我氏

推古天皇が豊浦宮で即位した背景として、渡来系氏族である倭漢氏が飛鳥の檜隈《ひのくま》（明日香村檜前）を本拠とし、また倭漢氏のもとにあった今来漢人が「アスカ」とその周辺地域の開発を行なったことや、蘇我氏もまた飛鳥に進出したことをあげうる。六世紀後半から末頃にかけて、蘇我氏が軽から飛鳥へ進出したのは、今来漢人を支配した倭漢氏が蘇我氏と深く結びついていたからである。

ほぼ七世紀中頃までに、畝傍山の麓から飛鳥にかけての一帯、とりわけ飛鳥川左岸の豊浦から軽にかけては、蘇我氏の本宗家や一族の家・宅が集中して分布していた。この地域は、飛鳥川に設けられた豊浦井堰（木葉井堰の下流にあたる）から引かれた分水の灌漑流域にあたる。豊浦井堰からの分水は、飛鳥川に設けられた諸堰のうち、最大の灌漑面積をもつ。豊浦井堰は木葉井堰と同様、十一世紀後半にすでに存在していたから、さらに古代にまで遡るとみてよい。前章でみたように、飛鳥川左岸地域でも、発掘調査の成果により、五世紀中頃に渡来した今来漢人により開発が進められていたことを確認できる。

『日本書紀』等に記されるところからみると、蘇我氏の本宗家の家には、

稲目の家　小墾田の家、向原の家、軽の曲殿

馬子の家　石川の宅、槻曲の家、嶋の家

蝦夷の家　豊浦の家、畝傍の家、甘樫丘の上《うえ》の宮門《みかど》の家

入鹿の家　甘樫丘の谷《はざま》の宮門《みかど》の家

があった。また蘇我氏の一族のものとして、

境部臣摩理勢(稲目の子)の家　軽の坂合の家(懿徳天皇の軽境岡宮(『古事記』)、孝元天皇の軽境原宮も、この地に伝承された)

蘇我倉山田石川麻呂(蝦夷の甥)の家　山田の家

蘇我臣日向(石川麻呂の弟)の家　橿原市南浦の日向寺跡かがある。

こうした歴史的背景のもとに、崇峻元年(五八八)、蘇我大臣馬子は真神原の地に、氏寺として飛鳥寺を建立し始めた。また推古朝になると、桃原に「嶋の宅」を構え、飛鳥は蘇我氏の権勢の表舞台となったと思われる。

第三章　飛鳥の春秋

――推古朝から蘇我氏の滅亡へ――

石舞台古墳．蘇我馬子の「桃原の墓」とされる
（写真：明日香村教育委員会）

1　諸宮のあつまるところ

推古女帝の即位

崇峻五年(五九二)十一月、崇峻天皇は蘇我大臣馬子の命を受けた倭漢直駒《やまとのあやのあたいこま》によって暗殺され、同年十二月、額田部皇女《ぬかたべのひめみこ》が飛鳥の豊浦宮《とゆらのみや》で即位した。わが国最初の女性の天皇(女帝)、推古天皇である。

第二章で示した系図(四六頁)にみるように、推古天皇は欽明天皇の皇女で、母は蘇我大臣《おおおみ》稲目の娘の堅塩媛《きたしひめ》。用明天皇は同母の兄だから、厩戸《うまやど》皇子(聖徳太子)は甥にあたる。

欽明天皇の皇子である敏達《びたつ》・用明・崇峻天皇の没後、まだ他にも欽明の皇子が多数いたにもかかわらず、額田部皇女が天皇に擁立された背景として、敏達天皇の大后《おおきさき》の位についており、政治的手腕にも優れていたことがあげられる。前章でふれた穴穂部《あなほべ》皇子の討滅や崇峻天皇の擁立は、『日本書紀』によれば額田部皇女の発議によっていた。

さらに敏達六年(五七七)に大后の経済的基盤として全国に設置された私有の部民《べみん》、私部《きさいべ》を所有していたことを指摘できる。用明天皇の大后は穴穂部間人《はしひと》皇女であったが、用明は在位一年半で亡くなり、また崇峻は大后を立てなかったから、私部の実質的な所有者は額田部皇女であり続けたとみてよい。大后は七世紀後半に天皇号が公式に成立すると、皇后と称されるようになった。

蘇我氏の血筋を引く皇子であっても、崇峻のように対立者となる事態も起りうる。大臣馬子はその轍を踏むことを避けなくてはならなかった。また残された欽明の皇子たち、敏達の皇子である竹田皇子(母は推古)、用明の子の厩戸皇子など、有力な皇位継承者が多数いたから、皇位継承に関わる紛糾を避けるため、姪でもある額田部皇女を擁立したかと思われる。以後、皇位継承に問題ある時には、大后(皇后)であった女性を天皇に擁立する慣行が生まれた。皇極(斉明)天皇、持統天皇がその例である。ただし、奈良時代の元明・元正・孝謙(称徳)天皇はやや事情を異にしている。

飛鳥前期はどういう時代だったか

推古天皇の即位から、皇極四年(六四五)六月、飛鳥板蓋宮《いたぶきのみや》で蘇我臣入鹿が殺害され、蘇我大臣蝦夷が自尽した乙巳《いっし》の変までを、飛鳥前期と呼ぶ。推古(五九三〜六二八)、舒明(六二九〜六四一)、皇極(六四二〜六四五)の時代であり、それはまた蘇我氏の馬子・蝦夷・入鹿の三代の時期でもある。推古天皇の治世は三十六年にも及び、蘇我大臣馬子は推古三十四年(六二六)五月に亡くなったから、推古朝はまた馬子が大臣だった時期とほぼ重なる。

この時期を対象とした通史には優れた著作が多数ある。それで、ここでは主に飛鳥とその周辺を舞台として展開された歴史に焦点を絞り、近年の発掘調査の成果を盛り込みながら、飛鳥の風土を頭に置きつつ記述を進めたい。

まず飛鳥前期の特色を列挙しておこう。
①きわだった特色として、天皇家と蘇我氏の対立がある。蘇我氏の血筋をひく推古天皇や厩戸皇子も、大臣馬子と政治的に対立することがあった。蘇我氏がむしろ優勢であり、専横な行為も多い。両者の対立は皇極朝に至って極点に達する。
②推古十三年(六〇五)、厩戸皇子を中心とする上宮王家《じょうぐうおうけ》は飛鳥を離れて斑鳩《いかるが》に移った。そのため政治・文化の中心は飛鳥と斑鳩の二ヶ所に分離し、結果的には天皇家権力の低下を招いた。一方、蘇我氏とその同族は飛鳥とその周辺地域に集中して居住したから、権力基盤は揺らぐことはなかった。
③推古天皇の没後、非蘇我系の舒明・皇極の皇統と、蘇我氏の血筋をひく山背大兄王《やましろのおおえのおう》(厩戸皇子の子)を中心とする上宮王家との間に政治的対立が生じた。さらに蘇我氏内部でも、権力の集中をめざす馬子―蝦夷―入鹿の本宗家と傍系一族との亀裂が深まっていく。
④飛鳥とその周辺地域および斑鳩には、寺院が集中して建立され、仏都の如き景観を呈した。

百済文化の影響が著しかった在来の文化に加えて、新たに遣隋使や遣唐使によりもたらされた隋唐文化の影響が加わり、飛鳥文化の花が開いた。

⑤推古朝には、律令国家体制の萌芽とも言うべき、官制や官人制の整備が行なわれた。また畿内を中心に池溝(水利施設)の開発が進み、全国的に屯倉《みやけ》(天皇の領有地)が設置されるなど、国家基盤の確立がはかられた。

飛鳥前期の諸宮

推古	豊浦宮	高市郡明日香村豊浦付近
	小墾田宮	高市郡明日香村雷付近
舒明	飛鳥岡本宮	高市郡明日香村岡付近
	田中宮	橿原市田中町付近
	厩坂宮	橿原市石川町付近
	百済宮	桜井市吉備付近
皇極	小墾田宮	高市郡明日香村雷付近
	飛鳥板蓋宮	高市郡明日香村岡付近

推古天皇の二つの宮

上の表は、飛鳥前期に飛鳥とその周辺地域に営まれた諸宮の変遷を示したものである。「アスカ」や小墾田《おはりだ》地域に、繰り返し宮の造営されたことがよくわかる。以下、飛鳥前期の宮のあった所を巡ってみたい。

まず豊浦宮は、甘樫丘の西側にあたる明日香村豊浦《とゆら》の向原寺《こうげんじ》の一帯にあった。向原寺の庫裏《くり》やその南側で、創建当初の講堂と金堂が発掘されているが、さらにその下層から、石敷をともなう掘立《ほったて》柱が検出され、「推古遺跡」と命名された。その年代や「元興寺縁起」の記載から、豊浦宮跡であることがほぼ確定した。崇峻元年(五八八)から「アスカ」の真神原《まかみがはら》で、蘇我大臣馬子により蘇我氏の氏寺、法興寺(飛鳥寺)の建立が進められていたから、飛鳥川をはさんで豊浦宮と飛鳥寺は至近の距離にあった。

豊浦宮の所在地は飛鳥川の左岸(西側)で、西方には大野丘《おおののおか》と称された丘陵が続くから、その規模は小さい。おそらくそれが原因で、新たに開発された広大な地、すなわち「小墾田」に宮が移されたのだろう。小墾田宮へ移って後に、豊浦宮の地には豊浦寺(豊浦尼寺)が建立されている。

小墾田宮へ移ったのは、推古十一年(六〇三)十月のことである。これまで小墾田宮は、飛鳥川左岸の明日香村豊浦にある古宮《ふるみやど》土壇《だん》一帯にあったとする説が有力だった。古宮土壇の周辺について、一九七〇年度から調査が行なわれ、七世紀初頭の小規模な庭園や大溝が検出されたものの、小墾田宮跡と確定はできなかった。蘇我氏同族の宅および庭園と推定される。改めて考えてみると、古宮土壇と豊浦宮跡の距離は約二〇〇メートルにすぎず、わざわざ宮を移したと表現するほどでもない。

一九八七年に、雷《いかずちのおか》丘東方遺跡から「小治田宮《おはりだのみや》」と墨書のある土器が出土した。墨書は奈良時代の淳仁朝(七五八〜七六四)の小治田宮に関わるもの。飛鳥川の右岸(東側)に、小治田(小墾田)の地名があったことを示している。そのすぐ北から前年三月に、六世紀末から七世紀初めにかけての池の一部分がみつかっているから、推古朝の小墾田宮も雷丘の東方～北方一帯にあった可能性が大きい。

阿倍山田道《あべやまだみち》の調査では、六世紀末に大規模な開発が行なわれたことがわかった。雷丘の東方から北方にかけての一帯が新しく開発された小墾田であり、飛鳥の北部を東西に走る幹線道として阿倍山田道も敷設され、七世紀初頭、その阿倍山田道沿いに小墾田宮が造営されたと考えられる。

小墾田宮の構造と朝参・朝政

小墾田宮の構造については、推古十六年(六〇八)八月の隋使裴世清《はいせいせい》、同十八年十月の新羅・任那《みまな》の使者の入朝を記す推古紀の記事などから推測できる。小墾田宮は南面し、宮門(南門)を入ると朝庭が広がり、その東西に政務を行なう朝堂(庁)があった。その北の大門(閤門)を入ると大殿(禁省《きんしょう》)で、推古が政務をとり、また日常起居する空間であった。こうした宮の構造は、狭小な地に営まれた豊浦宮では想定しにくい。小墾田宮に至ってはじめて確立した宮殿構造とみられる(次頁の図参照)。

『隋書』倭国伝によれば、開皇二十年(六〇〇年。推古八年)に隋の都長安に赴いた倭国の使者は、高祖文帝から倭国の風俗を尋ねられ、「倭王は天を以って兄と為し、日を以って弟と為す。

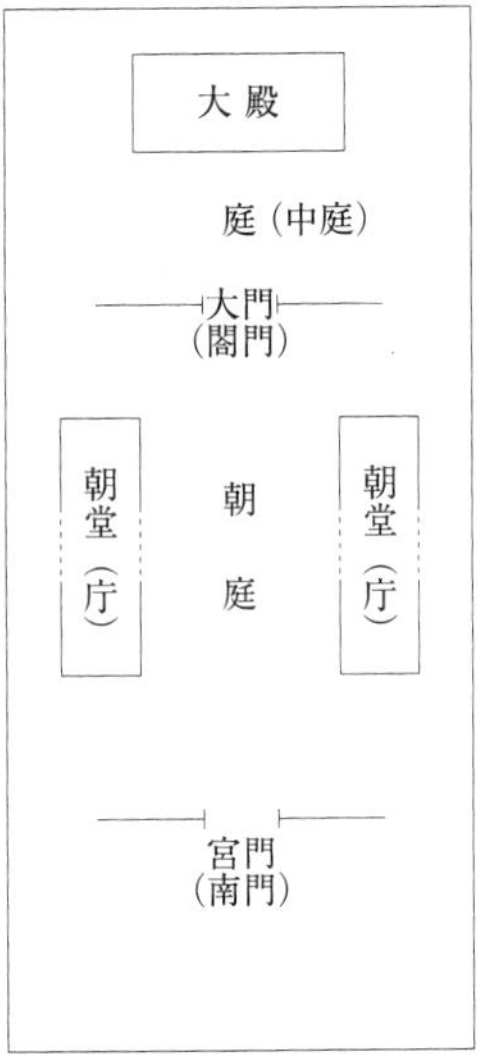

小墾田宮推測図

天未だ明けざる時、出でて政を聴き跏《か》趺《ふ》して坐し、日出ずれば便《すなわ》ち理務を停め、云う我が弟に委ねんと」と答えた。もともと倭国では、日神(太陽神)に対する崇拝と、未明にマツリゴト(政治)を行なう習俗のあったことが知られる。それを聞いた文帝は「此《こ》れ大いに義理無し」と言い、教えて改めさせたという。

『日本書紀』によれば、小墾田宮では文帝の教えに従い、旧俗を改めたかと思われる。官人たちは毎日未明に宮門(南門)の前に集まり(朝参)、日の出とともに宮門が開かれると、朝庭で朝礼を行ない、朝庭内の朝堂で午時《うまのとき》(正午前後)まで政務を執り(朝政)、退出に際しても宮門で礼を行なった。宮門の出入りに際しての拝礼は、跪いて両手を地につけ、大殿内の天皇に対し再拝するもので、匍《ほ》匐《ふく》礼《れい》・跪《き》伏《ふく》礼などとみえる。こうした朝参・朝礼・朝政は、小墾田宮の構造と即応している。

また推古十一年(六〇三)十二月の冠位十二階の制定は、官人制の整備を目指したもので、朝参・朝政の実施と結びつく。十二年四月の厩戸皇子による憲法十七条にも、朝参・朝政への言及がある。

『隋書』倭国伝の記述から、大和王権の時代にも未明にマツリゴト(政治)を行なう慣行のあったことは知られるが、毎日の朝参はなかったと思われる。欽明朝〜崇峻朝に大臣であった蘇我稲目・馬子の宅は、軽《かる》の地にあったことが確実だから、毎日未明に約五キロほどもある道を磯城《しき》・磐余《いわれ》の王宮へ出仕することは物理的にも不可能だった。宮室の構造からみても、推古朝の小墾田宮に至ってはじめて、朝参・朝政の制度が確立したと考えられる。大臣馬子が飛鳥に嶋宅《しまのいえ》を構えたのも、そのことと関わるだろう。

小墾田宮で毎日の朝参が始まったことは「アスカ」の地名とも深くかかわる。「アスカ」の由来はよくわからない。「ア」＋「スカ」と解し(「ア」は接頭語)、スゲ(菅)の茂る砂地の聖地とする説が有力である。しかし飛鳥川は雷丘付近までは自然堤防であり、スゲの繁茂は見られない。むしろ乱流を繰り返した雷丘より下流域にスゲは多い。

『古事記』の履中段では、近飛鳥《ちかつあすか》と遠飛鳥《とおつあすか》の地名の謂《いわ》れを「アス(明日)」＋「カ(所)」、すなわち明日に結びつけ、アスカを「翌日に到り着く所」と解している。「アス」は翌日の早朝の意である。近世以前は現在と異なり、午前四時頃に日付けが変った。小墾田宮で朝参が開始され、官人たちが早朝に到り着く所、そこがアスカだった。アスカでは明日香風にも示されるように、朝のイメージが濃い。早朝に鳥が群れ飛ぶアスカ。「明日香」「阿須可」「安須可」などの表記に代って、「飛鳥」が用いられるようになるのは、天武十五年(六八六)七月二十日の朱鳥改元に際し、宮号を飛鳥浄御原と定めたことを契機としていた。

舒明天皇の宮の位置

舒明天皇が即位した宮について、『日本書紀』には記述がなく、舒明元年(六二九)十月に飛鳥岡本宮《あすかおかもとのみや》に移ったとのみある。飛鳥岡《あすかおか》のもとに営まれた宮である。

飛鳥岡とは、飛鳥の小盆地の東縁を南北に延びる低い丘陵を指す。実際には、飛鳥の東に峙《そばだ》つ細川山から西〜西北方向へ延びる、幾筋かの尾根の先端部の総称である。石舞台古墳北方の丘から飛鳥坐《あすかにいます》神社が鎮座する鳥形山《とりがたやま》まで、南北に連なる丘陵端を併せて飛鳥岡と称した。龍《りゅう》蓋寺《がいじ》は一般に岡寺といわれているが、その寺名も飛鳥岡に因んでいる。

ところで、明日香村岡《おか》の平坦部に広がる宮殿跡を、最近では「飛鳥京跡《あすかきょうあと》」と称している。遺構の広がりは、明日香村役場付近から北は飛鳥寺近くまで及ぶ。史跡公園となっているから、歩いたことのある読者も多いかと思う。飛鳥地域には条坊地割の施行された痕跡はないので、都市計画に基づく京城があったかという意味では、飛鳥京跡という呼称は必ずしも的確な表現ではない。便宜的に用いている。

飛鳥京跡については、一九五九年から現在に至るまで、奈良県立橿原考古学研究所により発掘調査が行なわれてきた。その結果、上層・中層・下層の三層から、宮殿遺構が重複して検出されている。そのうち上層A期の遺構は斉明朝の後飛鳥岡本宮、上層B期は天武・持統朝の飛鳥浄御原宮《きよみがはらのみや》であることがほぼ確定した。中層は皇極・斉明朝の飛鳥板蓋宮である可能性が大きい。下層が舒明朝の飛鳥岡本宮と思われるが、解明は進んでいない。

舒明八年(六三六)六月、その飛鳥岡本宮が火災にあったので、田中宮に移った。田中宮の想定地は、飛鳥川左岸の橿原市田中町の一帯。田中の地名は古代に遡り、蘇我氏の同族である田中臣の居住地でもあった。田中宮の所在地はまだ未確認だが、田中廃寺の存在が判明している。七世紀中頃に創建され、八世紀前半まで続いた寺院である。

また舒明十二年(六四〇)四月、舒明は伊予へ行幸した後、厩坂宮《うまやさか》に入った。応神紀にみえる軽の厩坂の地に想定される。剣池・石川池のすぐ西北にあたる所(第一章参照)。しかし付近の発掘調査は進んでおらず、推定にとどまる。

百済大宮と百済大寺

舒明十二年十月、舒明天皇は百済宮《くだらのみや》に移る。前年七月、百済川の辺に百済大宮《おおみや》と百済大寺《おおてら》の造営を始めた記述が『日本書紀』にみえている。「大宮」というから、従来の宮の規模を凌駕するものだったと思われる。

百済宮の所在地については、奈良県北葛城郡広陵町百済とする説が有力であった。二十年も前のこと、この通説に対して私は異論を発表した。広陵町百済の地名が古代に遡るものか否か不明であること、七世紀代の諸宮は、難波宮や近江宮を除けば飛鳥とその周辺地域に限定されており、広陵町百済とすれば奈良盆地に営まれた唯一の宮となること、一方、香具山の北西に古代に遡る百済の地名が存在すること等の理由に基づく。

最後にあげた根拠を敷衍すると、太政大臣の高市皇子《たけち》が持統十年(六九六)七月に亡くなったとき、殯宮《もがりのみや》(仮に遺体を安置する宮)が城上《きのえ》に起こされた。柿本朝臣人麻呂の有名な挽歌(『万葉集』巻二―一九九)では、高市皇子の柩は「香具山宮」から、百済の原を通って城上殯宮へ運ばれたと歌われている。百済の原は香具山宮に近い印象を受ける。

また壬申の乱に際し、大海人《おおあま》皇子(後の天武天皇)に味方して飛鳥で挙兵した大伴連吹負《ふけい》は、兵を率いて「百済の家」の南門を出、飛鳥寺の西側にあった近江朝廷側の留守司《るすのつかさ》を急襲し、占拠した。大伴氏の本拠は、平城遷都後に大伴旅人が「香具山の故《ふ》りにし里」と歌ったように(『万葉集』巻三―三三四)、香具山の近傍である。百済の家は、もともと旅人の祖父長徳《ながとこ》(馬養《うまかい》。孝徳朝の右大臣)の家だったらしい。吹負は長徳の弟である。

さらに香具山に近い橿原市高殿《たかどの》町に、小字「東百済」「百済」「西百済」があり、百済川という細い流れもある。

以上のことを根拠に、私は百済宮を香具山の西〜西北域に想定したのである。一九九七年に、香具山の東北域にあたる桜井市吉備の吉備池の南側で、壮大な金堂基壇が発見された。その後の五ヶ年に及ぶ調査で、巨大な塔を備えた大規模な伽藍配置であることが判明した。出土した軒丸瓦や軒平瓦から、七世紀前半に創建され短期間で移転していることがわかり、さらに「大安寺伽藍縁起 幷《ならびにる》流記《き》資財帳」の記載から、この「吉備池廃寺《きびいけはいじ》」が百済大寺であったと推定されるに至った。天皇家が最初に建立した「大寺」であり、天武朝に高市大寺、文武朝に大官大寺、平城遷都後に大安寺となって法灯が受け継がれた。

百済大宮は百済大寺の近傍に所在した可能性が大きいから、私説の百済宮推定地とは少し離れるが、必ずしも的外れではなかったことになり、一安堵した。百済とは磐余《いわれ》(桜井市西南部)の範囲内で、香具山の東北から西北を指す地名だったのである。

蘇我氏と距離をおく舒明天皇

注目されるのは、舒明天皇が百済大宮を営んだのが、六世紀代に諸宮の集中した磐余の地であったことだろう。敏達―押坂彦人大兄皇子―舒明と続く皇統を強く意識していたのではないだろうか。四六頁の系図にみるように、この皇統は蘇我氏の血筋を全く引いていない。蘇我氏の勢力基盤ではなかった磐余に、舒明が百済大宮を営んだ背景には、蘇我氏と距離をおこうとした政治姿勢がうかがえる。見方を変えれば、それは馬子の死後に大臣に就任した蝦夷の政治力の欠如に起因するとも言えよう。

さらにいうならば、祖父にあたる敏達天皇の宮の近傍に自らの宮を造る意図があったのではないか。敏達は、即位した元年(五七二)四月に百済大井《くだらおおい》に宮を営んだが、四年に至り訳語田幸玉宮《おさだのさきたまのみや》に移った。訳語田幸玉宮は桜井市戒重《かいじゅう》付近に想定できる。後に大津皇子が刑死した訳語田舎《おさだのいえ》も同じ所だろう(第五章参照)。長寛元年(一一六三)の「大和国石名荘坪付案」(『平安遺文』第三二七一号)には、現・桜井市戒重付近に他田荘《おさだ》がみえる。

百済大井宮は、通説では河内国石川郡の地とされる。しかしそうとすると、六世紀代の諸宮は大和の磯城《しき》・磐余に集中していたので、例外となる。あるいは天武紀元年の壬申の乱の記述にみえる大井寺との関係から、橿原市膳夫《かしわで》町付近とすることも可能かと思う。橿原市膳夫町の東側は百済大寺があった桜井市吉備である。舒明は、祖父敏達の百済大井宮・訳語田幸玉宮に近接して、百済大宮と百済大寺を造営した可能性がある。

飛鳥板蓋宮

舒明天皇の大后であった宝皇女《たからのひめみこ》は、舒明没後の皇極元年(六四二)正月に即位した。皇極天皇である。即位した場所は、『日本書紀』には言及がない。同年十二月には小墾田宮に移り(東宮東南の権宮《かりみや》とも伝える)、翌年四月に飛鳥板蓋宮に移った。

飛鳥板蓋宮については、先に飛鳥京跡の中層遺構がそれだとみる有力な見解を紹介したが、若干問題を残す。皇極は弟の孝徳天皇を間にはさんで斉明元年(六五五)正月に重祚《ちょうそ》し、飛鳥板蓋宮で即位したが、その年の冬に火災が起こり、飛鳥川原宮《かわはらのみや》に移っている。これまでの飛鳥京跡の発掘調査では、上・中・下層いずれも火災の痕跡は確認されていない。そのため中層を飛鳥板蓋宮と断定することに若干の躊躇を覚える。今後の検討課題だろう。

ところで飛鳥板蓋宮の名は、屋根を板で葺《ふ》いたことに基づく。板葺というと、現在からみれば随分と粗末な印象を受けるが、そうではない。茅《かや》葺、檜皮《ひわだ》葺が一般的であったのに対して、板葺は高級なもので、当時ではモダンな印象を与えたらしい。中世後期に中国から縦挽き製材用の大鋸《おおが》が伝わるまで、伐採した丸太を縦に割ることは難しく、楔《くさび》を打ち込んだり斧を用いて割り、その上で鑓鉋《やりがんな》を用いて表面を滑らかにし、板を作った。板を作るには、高度の技術を必要としたのである。そうした特色のある屋根であったことが命名の由来となった。

聖徳太子の実像

推古朝の政治や文化を考える場合、厩戸皇子の果たした役割は限りなく大きい。しかし現実の厩戸皇子と、『日本書紀』『上宮聖徳法王帝説《じょうぐうしょうとくほうおうていせつ》』(以下、『法王帝説』とする)や法隆寺関連の史料にみえる聖徳太子像にはかなりの懸隔がある。

推古紀には、その元年(五九三)四月条に、厩戸皇子を皇太子とし、「録二摂政一以二万機一悉委焉」(政《まつりごと》を録摂し以て万機をことごとく委《ゆだ》ぬ)とみえる。皇位継承資格者(ヒツギノミコと称された)を唯一人と定める皇太子制度は、持統三年(六八九)の飛鳥浄御原令《きよみがはらりょう》で制定されたもの。持統十一年四月に立太子された軽皇子《かるのみこ》(後の文武天皇)をその嚆矢とする。したがって厩戸皇子を皇太子とした記事は、『日本書紀』編纂に際して加えられた文飾である。現実には、厩戸皇子が有力な皇位継承者の一人(大兄《おおえ》と称された)とされたことを示す。しかし大兄たるにとどまらず、万機を委ねられたとあるから、推古天皇に代わって政務を総覧する立場にあったとみてよい。

また「録二摂政一」の表現を「摂政に就任した」とみるのは間違いで、この部分は「マツリゴトを録摂す」と読むべきもの。一方では、大臣馬子がいて政治権力を掌握していたから、厩戸皇子と蘇我大臣馬子との共治体制であり、推古十三年に厩戸皇子が斑鳩宮《いかるがのみや》に移ってからは、大臣馬子が全政治権力を掌中にしたと思われる。

厩戸皇子には、ほかにも各種の呼び名があった。『日本書紀』や『法王帝説』にみえる。

まず、厩戸皇子が実名である。もっとも皇子・皇女の呼称は天皇号確立後のものなので、推古朝に天皇号が未成立であれば、厩戸王もしくは厩戸王子であった。出産間近の母・穴穂《あなほ》部間《べのはし》人皇女《ひとのひめみこ》が禁中(宮)の諸司を巡察中、馬官《うまのつかさ》に至り、その厩戸で安産したことによるという。しかしこれは、「厩戸」の名の由来が不明に帰してから語り出された伝承だろう。むしろ地名に基づくものと思われる。大和にいくつかあった厩戸という地に居住した氏族出身の女性が、乳母だったことによるのではないだろうか。永暦元年(一一六〇)に鋳造された梵鐘に「葛上郡字馬屋戸」とみえている(吉野・世尊寺旧蔵の鐘)。

厩戸が聡明であったことに基づく豊聡耳《とよとみみ》という呼称は、推古朝当時のものとみてよい。豊耳《とよみみ》聡《と》や豊聡八耳《とよとやみみ》も同類である。古今東西を問わず、聴力の優れた人は聡明とされた。ちなみに耳偏の漢字、「聖」や「聰」などは聡明を意味する語である。

誕生した場所に基づいて上宮王《かみつみやのみこ》ともいう。『法王帝説』によれば用明天皇は、誕生した皇子が聡明だったので、磐余池辺双槻宮《いわれのいけのへのなみつきのみや》の「南の上《かみ》つ大殿」に住まわせた。それで上宮王と名付けられたとする。『日本書紀』でも同様で「南の上殿《かみつみや》」とする。宮の南側の小高い所にあった大殿で育てられたことから、上宮王の呼称が生まれたとみてよい。宮の南に大殿がある構造は、小墾田宮のそれとは明らかに異なっていて、注目される。

また聖徳王は、厩戸が仏教信仰に厚く、人々から聖のように仰がれたことに基づく呼称である。聖徳王は、「ヒジリノイキホヒイマシマスキミ」とでも訓《よ》むのであろうか。聖王・聖徳法王・法大王《のりのおおきみ》・法主王《のりのぬしのきみ》も同類である。厩戸の没後に、仏教の法主として追慕し信仰する思潮

（太子信仰）が生じた。聖徳王以下の呼称は、その時期のものである。持統朝には聖徳太子の呼称が成立した。

上宮をめぐる伝承

八世紀後半、東大寺僧明一《みょういつ》の「明一伝」に、橘《たちばな》寺《でら》を上宮の跡とする説がみえ、厩戸皇子が橘寺の地で誕生したとの伝承が成立していたことがわかる。飛鳥の謎の石造物の一つ、二面石で有名な寺である。近年、境内は整備され、新しい堂舎も建立されて面目を一新した。秋には塔跡近くの公孫樹《いちょう》が美しい。しかし、幼少時を過ごしたとされる磐余池辺双槻宮の南の上大殿が実際の誕生地だろう。父・用明天皇の実名が橘《たちばなの》豊日《とよひ》であったことから、後になって橘寺の地に用明の宮があったとされ、橘寺を太子の誕生地とする説が生まれたのでは、と思う。

用明の磐余池辺双槻宮は磐余池の辺にあった宮の意だから、上宮王の誕生した「上宮」も、その付近であろう。かつて私は、大津皇子が処刑される直前に目にした磐余池の場所を、桜井市池之内・橋本付近に想定したことがある。

このほか「上宮」の場所については、桜井市上之宮《うえのみや》で検出された上之宮遺跡とする説や、斑鳩に想定する説もある。上之宮遺跡は、一九八六年〜九〇年にかけて桜井市教育委員会により発掘調査が行なわれ、上之宮の地名とあわせ、厩戸皇子の誕生地として大きく報道された。上之宮遺跡を幼少の厩戸皇子の住んだ宮とする説は魅力的であるが、現状では、主殿が東面し、上之宮の地名が中世末にしか遡らないなど、いくつかの問題点がある。

斑鳩宮の造営

先に述べたように、推古十一年(六〇三)、推古天皇は小墾田宮に移った。新たに朝参・朝政が開始され、相次いで制定された冠位十二階や憲法十七条に基づいて、新たな官人制度が整い、国家統治の基盤が固められるようになった。そうした時期、推古九年二月に厩戸皇子は斑鳩宮の造営を開始し、十三年十月には斑鳩宮に移った。大臣馬子と共に国政を担っていた厩戸皇子が、飛鳥を離れて斑鳩に拠点を移したことは注目されよう。大臣馬子との間に深刻な政治的対立を生じたからではないだろうか。

『日本書紀』を見る限り、斑鳩宮へ移って以後の厩戸皇子の動静が判然としない。仏教信仰に厚かったことを示す記事は多いが、政治家としての厩戸皇子の姿はみえない。たとえば推古十六年の隋使裴世清《はいせいせい》の入朝、同じく十八年の新羅・任那使の入朝など、宮廷をあげての盛儀に厩戸皇子の姿はない。仏教に沈潜し、政治や儀礼の場に臨まなかったような印象を受ける。

次に注目されるのは、斑鳩宮造営が開始された推古九年(六〇一)は辛酉年《しんゆう》に当たっていたことである。古代中国では、辛酉の年には天命が革《あらた》まる(革命)、二一回目の辛酉の年(一二六〇年を一蔀《ほう》という)には大革命が起るとされた。これを辛酉革命説という。後のことになるが、昌泰三年(九〇〇)に文章博士《もんじようはかせ》の三善清行が「革命勘文《かんもん》」を奏上し、辛酉改元を主張した。その結果、以後、若干の例外はあるが、幕末に至るまで辛酉の年には改元が行なわれている。推古朝に辛酉革命説が行なわれていたか否かは不明だが、厩戸皇子が辛酉革命説に基づいて斑鳩宮の造営を開始した可能性は残る。

しかし、なぜ斑鳩の地が選ばれたのだろうか。まず思いつくのは、水陸交通の要衝だったことである。水運に注目すると、斑鳩は大和川水系の諸河川が合流する地点に近く、初瀬川(大和川本流)の上流にあった海石榴市《つばいち》の河港とともに、大和川水運の結節点であった。また陸路をみても、飛鳥からは次でふれる太子道《みち》(筋違道《すじかいみち》)をとって斑鳩へ、そして龍田山を越えて難波津に至るのが早い。

難波津は今の大阪市中央区高麗橋付近にあったらしい。五世紀後半～六世紀代に難波津は王権の外港として機能していたが、七世紀になると遣隋使・遣唐使を乗せた船や外国船が発着する国際港となって外交施設や倉庫群が並び、都市としての景観を備えるに至ったのである。

斑鳩宮造営が可能となった背景として、中河内を勢力基盤としていた物部大連守屋が用明二年(五八七)に滅亡したことをあげうる。龍田山を越え中河内の河内湖南岸をたどれば、上町台地北端に取り付く。河内湖は古代の大阪平野に広がっていた湖。その後、埋め立てが進み、江戸時代にはごく一部が残存していた。あるいは船で河内湖を横断すると、直接に難波津に至る。

斑鳩宮の遺構については、一九三九年に行なわれた法隆寺の東院伽藍(夢殿を中心とした伽藍をいう)夢殿北側の建物修理工事に際して、その地下から掘立柱建物や井戸が検出されている。

斑鳩寺(創建当初の法隆寺。若草伽藍)は、推古十五年に斑鳩宮の西方に建立された。

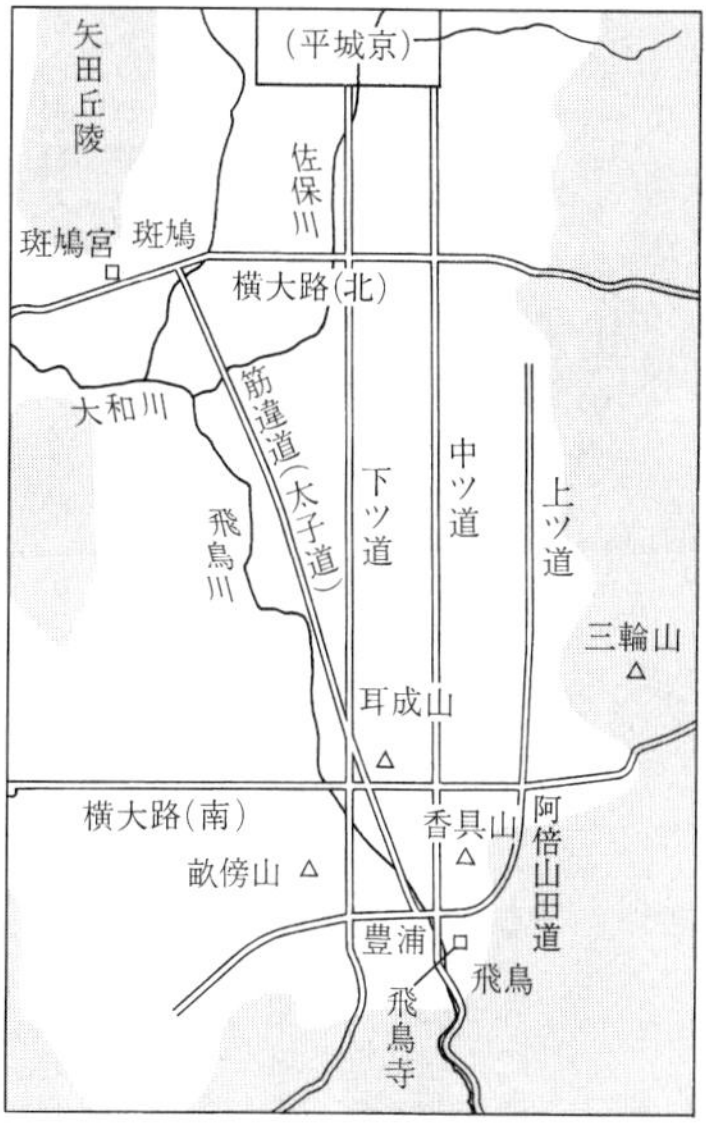

飛鳥と斑鳩

太子道

飛鳥と斑鳩を結ぶ太子道は、磯城郡田原本町保津から北葛城郡斑鳩町高安に至る。聖徳太子(厩戸皇子)が斑鳩と飛鳥を往来する際に用いた道と言い伝えられてきた。田原本町で育った私は、幼い頃に太子道のことを聞き知った。母の知り合いの婦人が家にみえた折のこと、屏風《びょうぶ》(磯城郡三宅町屏風)の人だと聞き、その不思議な地名がどこにあるのか尋ねたのだろう。その婦人は次のように話された。聖徳太子が太子道を、斑鳩から飛鳥への往来の途次、いつも決まった所で休息された。その際、太子の回りに屏風を立てたので、屏風の地名が生まれたと。よほど印象深かったのだろう、今でもよく覚えている。

太子道を筋違道とも言う。筋違(筋交《すじかい》)とは、建物を補強するために、柱と柱の間に斜めに交差させて取り付ける材のこと。奈良盆地では、平城遷都後に碁盤の目のように、道路や畦畔《けいはん》を東西・南北に真っ直ぐに敷設する条里制地割りが施行された。開発が進んだ現在でも、よく残っている。太子道はその条里制地割りを、東南から西北へ斜めに横切って真っ直ぐに延びている。そうしたところから筋違道とも称されるようになったのだろう。条里制地割りに先行する直線道であることが明らかである。

ほとゝぎす平安城を筋違に

私の好きな蕪村のこの句は、平安京を踏襲した京都の東西・南北の道を、時鳥《ほととぎす》が斜めに横切った様を詠んだ印象的なもの。鳥影を見ずに、鳴き声だけで筋違に飛ぶことを知ったのだろう。筋違という語を的確に用いている。

現状では、太子道は田原本町保津と斑鳩町高安の間に限られる。しかし古代には、保津からさらに東南へ延びていたことがわかる。一九九八年、田原本町教育委員会による保津・宮古遺跡の調査で、田原本町保津の起点の東南地点から、二〇メートルにわたる太子道の側溝が検出されたからである。田原本町多《おお》に、ごく短い距離ではあるが筋違道の方位に合う道があるので、もともとは橿原市新賀町付近まで延びていたらしい。斑鳩宮の造営が開始された推古九年五月に、推古天皇は耳梨行宮《みみなしあんぐう》へ行幸している。詳しい考証を省くが、行宮の所在地は新賀町付近に想定でき、耳梨行宮への行幸は太子道の敷設と関わっていたかと推測される。

2　蘇我氏の滅亡

飛鳥寺の造営

前章でも述べたように崇峻元年(五八八)、蘇我大臣馬子は飛鳥衣縫造《きぬぬいのみやつこ》の祖、樹葉《このは》の家を壊して、「アスカ」の真神原《まかみがはら》に法興寺の造営を開始した。飛鳥衣縫造は、雄略朝に身狭村主青《むさのすぐりあお》が呉から連れ帰った衣縫弟媛《きぬぬいのおとひめ》の後裔であり、「アスカ」の開発を進めた今来漢人《いまきのあやひと》に属することは第一章で述べた。伽藍完成後、法興寺は「アスカ」の地に所在するところから、飛鳥寺と称されるようになる。以下、飛鳥寺として記述をすすめよう。現在明日香村にある飛鳥寺(安居院《あんごいん》)は、ほぼ古代の中金堂の位置にある。飛鳥寺から、西門前の入鹿首塚あたりまで出ると、後に述べる古代飛鳥寺のスケールを想像できるだろう。

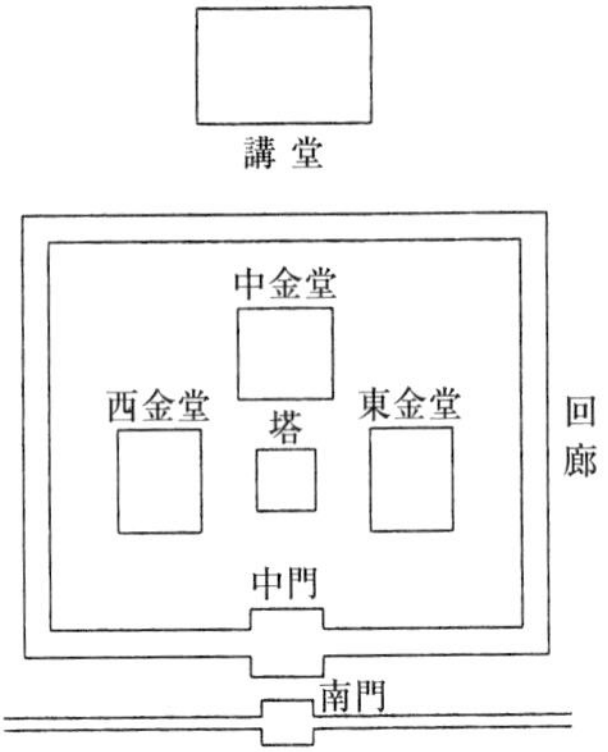

飛鳥寺の伽藍配置

すでにみたように『日本書紀』によれば、継体朝に司馬《しば》達止《たつと》は坂田原に草堂を結び、蘇我大臣稲目は百済からもたらされた仏像を小墾田の家に安置し、また向原の家を寺とした。大臣馬子も鹿深臣《かふかのおみ》や佐伯連らが百済から将来した仏像二体を請い受け、石川宅に仏殿を作って安置したと伝える。それらの建物は藁葺《わらぶき》の草堂であったり、居宅を仏殿に転用したものにすぎなかった。一方、馬子が蘇我氏の氏寺として造営しはじめた飛鳥寺は、百済・高句麗の僧侶や技術者達の指導のもとに行なわれ、礎石を据えて大柱を立て、瓦で葺いた甍をもつ、わが国最初の大伽藍であった。飛鳥寺造営の経過を、『日本書紀』は崇峻元年(五八八)の造営着手から推古十四年(六〇六)の丈六仏像完成に至るまで事細かに記している。

一九五六・五七年に奈良国立文化財研究所により行なわれた発掘調査で、伽藍配置はわが国では類例がない一塔三金堂(東・西・中金堂)の形式であることがわかり、また地下式の塔心礎から、金銅製の舎利容器とともに多数の埋納品が出土するなど画期的な成果が得られた。

一塔三金堂の伽藍配置は、高句麗の寺院に類例がある。当時の高句麗をめぐる国際状況をみると、嬰陽王《えいようおう》(在位五九〇〜六一八)は、五九八年に一万余騎を率いて遼西地方を攻略した。それを怒った隋の高祖文帝は、水陸軍三十万をもって高句麗を討たせたが、食糧不足や疫病の流行などで振るわなかった。結局、嬰陽王が謝罪したため、戦いは終わった。そうした国際状況の下、高句麗は倭国と修交を結んで、隋と結ぶ百済・新羅に牽制を加えたと考えられる。

創建時の飛鳥寺

飛鳥寺発掘までは、南門・中門・塔・金堂・講堂を南北の一直線上に配する四天王寺式の伽藍配置がもっとも古いと考えられてきた。飛鳥寺の東西の金堂を省略すれば四天王寺式の伽藍配置となるから、四天王寺式はより新しい形式であることがわかった。

塔の基壇では、一辺二・四メートルの巨大な心礎が発見され、その上面から数多くの遺物がみつかった。多数の玉類、金環、金銀の延板や小粒、金銅製の馬鈴、鞍の後輪につける蛇状鉄器、挂甲、刀子などである。六世紀後半の横穴式石室内から出土する遺物と共通性をもつ。

南門から南に幅三・五メートルの参道が延びて石敷広場に取り付いており、西門の規模は南門より一回り大きかった。飛鳥寺の西側に槻《つき》の樹を中心とした広場が広がっていたからだろう。槻樹《つきのき》広場については次章で詳しく述べる。その後の調査で、飛鳥寺の寺域は、南北二九三メートル、北辺二一五メートル、南辺二六〇メートルの台形であることが判明している。

推古紀によれば十三年(六〇五)四月に鞍作鳥《くらつくりのとり》は銅・繡《ぬいもの》(布に刺繡を施したもの)の丈六仏像各一体の製作を命じられ、翌年四月に完成した。ただし「元興寺縁起」に引かれている「丈六光銘」はより古い史料だが、そこでは推古十七年四月八日に完成したとみえるので、今日では推古十七年説が定説となっている。銅造の丈六仏像は、現在も安居院に安置されている「飛鳥大仏」とみてよい。ほの暗い安居院の堂内に座って飛鳥大仏のお顔を見つめていると、時空を飛びこえていくような、不思議な感動を覚える。

推古紀三十二年(六二四)九月には、全国に寺は四六ヶ寺があって、僧八一六人、尼僧五六九人、合わせて一三八五人であるとの記録がみえる。この記録を信頼するなら、まだ未発見の寺院がかなり存在することになる。いずれにせよ、飛鳥と斑鳩周辺に寺院が集中していた状況に変わりはなく、ともに仏都の如き景観を呈していたと言えよう。

厩戸皇子と馬子の共治体制

物部大連守屋を滅ぼして政治権力を手中におさめた大臣馬子は崇峻天皇を暗殺するという汚点を残した。馬子の娘、刀自古郎女《とじこのいらつめ》は厩戸皇子との間に山背大兄王《やましろのおおえのおう》を生んでいるから、馬子は厩戸皇子の舅にあたる。

推古朝は、推古天皇を補佐した厩戸皇子と、大臣馬子による共治体制であった。推古八年

（六〇〇）および十年・十一年の新羅への出兵、推古十一年の冠位十二階の制定は二人の合議によるものであるのに対して、遣隋使の派遣は厩戸皇子の首唱にかかり、推古十二年の十七条憲法の制定は厩戸皇子自らが起草したものであった。

冠位十二階と十七条の憲法についてはよく知られているので、簡単に確認しておく。わが国最初の冠位制度は、百済の官位制や高句麗の制度を参照して制定されている。最初に「徳」を置き、以下、仁・礼・信・義・智の五常の徳目を大小二階に区分し、冠の色で位を表示した。それまでは、氏ごとに一定の職掌を世襲し、特定の冠を着用したのに対して、冠位十二階では、天皇に仕える個人に対し昇進の原則に随って冠位が賜与されたのである。その施行範囲は畿内とその周辺地域に限られ、また第一・二階の大徳冠・小徳冠は後の官位でいえば四位クラスに相当するにすぎず、また蘇我氏や有力豪族には適用されなかった。蘇我氏はむしろ冠位を授ける立場にあったと判断される。そうした限界はあるものの、推古朝に官人制の整備が行なわれ、前に述べたように小墾田宮で朝参・朝政が実施される条件が整ったといってよい。

憲法十七条では、儒教思想・法家の政治思想に基づく政治的訓示や、仏教的人間観による政治のあり方が示されており、厩戸皇子が起草した文案に、『日本書紀』編纂段階において文飾が加えられたものだろう。

また、新羅への出兵についてみると、推古八年には、大将軍境部臣《さかいべのおみ》（馬子の弟の摩理勢《まりせ》か）

は万余の兵を率いて渡海し、新羅の五つの城を撃破している。十年には、厩戸皇子の同母の弟である来目皇子《くめのみこ》は、撃新羅将軍として二万五千の兵を率い、筑紫に出陣したが、翌年に筑紫で病死した。代わって当麻皇子《たいま》(厩戸皇子の異母弟)が征新羅将軍として難波津から出航したが、播磨の赤石(兵庫県明石市)に至ったところで妻の舎人《とねり》姫王が亡くなったことを理由に引き返し、結局、新羅征討は沙汰止みとなった。厭戦気分が横溢していたのだろう。境部臣と来目皇子・当麻皇子が将軍に任命されているから、彼らとの関係からみて、馬子、厩戸の二人の合議によるものと判断される。

大和・河内の池溝開発

大臣馬子が行なった重要施策として、国ごとに屯倉を設置したことや、大和・河内を中心に大規模な池溝開発を進めたことを前にあげた。地理的には飛鳥をかなり越えるが、ここで飛鳥の政権を支えたものが何であったかを、少しみておきたい。

欽明朝に蘇我大臣稲目が推進した吉備や大和における屯倉の経営は、大和王権の財政基盤を拡充するものであった。しかし推古朝に馬子が行なった池溝の開発は、蘇我氏の支配地域をも含んでいて、必ずしも王権のためばかりであったとは考えにくい。

『日本書紀』で推古朝に作られたとされる大和や河内の池のうち、高市池《たけちのいけ》は香具山の南麓、藤原池は明日香村小原に推定でき、飛鳥の周辺地域の灌漑に利用された。畝傍池は畝傍山南麓の深田池だろう。蘇我氏の本拠でもあった軽地域に近接する。掖上池《わきがみのいけ》については考証を省くが、御所《ごせ》市池ノ内周辺に想定できる。戸刈池は南河内の古市《ふるいち》周辺(現・羽曳野市古市)とみてよい。やはり蘇我氏支配下の地域である。難波より京に至る大道を置いたこともみえている。大阪平野の大津道・丹比道《たじひみち》や、奈良盆地の横大路とみてよい。

とりわけ注目されるのは、現在も大阪狭山市にある狭山池を開いたことだろう。狭山池は西《にし》除川《よけ》の水をせき止めて堤を築き、水量調節のために木樋を敷設した日本最古のダム式の溜池である。

現在の狭山池は、池の面積は約三六万平方メートル、南河内から中河内一帯を潤す大池である。一九八八年からの大改修にともなう発掘調査で、築造当初の東樋(コウヤマキの丸太をくり貫いた樋管)が発見され、それを年輪年代測定法で測定した結果、推古二十四年(六一六)頃の築造であることが判明した。推古朝に完成した狭山池の面積は約二六万平方メートル、最大貯水量は約八〇万立方メートルで、灌漑される範囲は中河内から住吉大社付近にまで及んだ。

狭山池は、盛土工法や敷葉工法など、高度の土木技術をもって渡来した人々の指導によって作られた。蘇我氏との密接なつながりを想定できる。皇極紀にみえる大臣蝦夷の大津宅《おおつのいえ》も西除川下流域の住吉大社付近に推定できるかもしれない。

古市大溝《おおみぞ》の開発も推古朝であることが確定している。古市大溝は南河内に掘削された大規模な水路。現在の富田林市から大阪市域の平野川にまで至る、総延長約一五キロメートルにも及ぶ大水路である。灌漑水路とみる説が有力だが、長距離を同一の標高三六メートルで流れることからすれば、河内湖と古市を結ぶ運河とみる方が理解しやすいと思う。隋の大運河による影響を考えることもできるだろう。

古市大溝は、王辰爾《おうしんに》を祖とする船《ふね》氏の氏寺、野中寺の近傍を流れていた。船氏は蘇我氏と深いつながりをもつ。こうしたことを考えると、古市大溝は優れた土木技術をもつ船氏の指導のもとで掘削された可能性が大きい。大臣馬子の推進した南河内の池溝開発の一環であったと思われる。

馬子の葛城県割譲要求

推古三十年(六二二)二月二十二日、厩戸皇子が亡くなった(『法王帝説』)。その場所は飽浪芦墻《あくなみのあしがき》宮だったらしい(「大安寺縁起」)。『日本書紀』には、どうしたわけか、推古二十九年二月五日に斑鳩宮で亡くなったとする。斑鳩宮に移ってからの厩戸皇子は政治の場に姿をほとんどみせない、仏教に沈潜していたとの印象を受ける、と前に述べた。その背景には、大臣馬子の政治姿勢や言動に対する批判がこめられていたのではないだろうか。

厩戸皇子が亡くなって後、推古三十二年(六二四)に、大臣馬子は推古天皇に対して葛城県《かつらぎのあがた》(奈良盆地南西部)を要求した。その理由として、葛城県はもともと蘇我臣の本拠であり、その県の名を姓名としていることをあげている。

前章で『古事記』にあらわれる蘇我氏の系譜を述べたが、そこでは建内宿禰《たけしうちのすくね》(武内宿禰)の子として蘇賀石河宿禰《そがのいしかわのすくね》と葛城の長江曾都毘古《ながえのそつびこ》がみえる。それぞれ蘇我臣と葛城臣の祖と伝承されていた。そうしたことが同族意識を生み、大臣馬子が葛城地域を蘇我氏の本拠とする主張の背後にあったものと推測される。

馬子の要求に対して、推古は「私は蘇我氏の血筋を引き、また大臣は私の伯父にあたる。だから大臣の言葉であれば、どんなことであろうと直ちに従ってきた。しかし葛城県を失えば、後代の天皇は、愚かな女性が天皇として臨んだから葛城県を失った、と言うだろう。また大臣も謗りを免れない」と言って拒否した。葛城県は、四世紀代に大和王権の直轄地として成立した倭国《やまとのくに》の六御県《むつのみあがた》の一つであり、また雄略天皇の即位に際して葛城氏の本宗家は滅亡するが、その際、葛城氏の所領をも葛城県に編入したかと考えられる。葛城県を要求した大臣馬子の行為は、やはり専横の謗りをまぬがれない。

馬子の要求は退けられたが、葛城県は現実には蘇我氏の所領となった。なぜならほぼ二十年後の皇極元年(六四二)に、馬子の子、蘇我大臣蝦夷が葛城の高宮に蘇我氏の祖廟を立てて、本来は天子にしか許されない八佾《やつら》の舞を行なっているからである。『日本書紀』編纂に際しての文飾の可能性もあるが、事実とすれば自らを中国の皇帝に擬した行為であり、やはり蘇我氏の専横を示す事例となる。葛城の高宮は古代の葛上郡高宮郷の地で、御所市森脇から長柄にかけての一帯。推古天皇の拒否にもかかわらず、馬子は葛城県を所領とし、蝦夷に伝えたのである。

馬子の死と石舞台古墳

推古三十四年(六二六)五月、大臣馬子は亡くなり、桃原の墓に葬られた。『日本書紀』にみえる伝記によると、馬子は武略の才があり、弁舌に巧みで、仏教を厚く信仰した。また飛鳥川のほとりに家があり、庭の中に小さな池があって、小さな島を築いていたことから、当時の人々は馬子を「嶋の大臣《おとど》」と呼んだという。

桃原の墓については、現在では明日香村島庄《しまのしょう》の石舞台古墳であることがほぼ確定している(本章扉参照)。戦前の一九三三年に行なわれた発掘調査によれば、一辺八五メートルの外堤をもち、墳丘は約五〇メートルの方墳。墳丘上半部の墳形については、方形か円形と考えられるので、二段の方墳もしくは上円下方墳となる。南西に向かって開く横穴式石室は、全長約一九・一メートル、玄室の長さ七・五メートル、高さ四・七メートル、羨道《せんどう》の長さ一一・五メートル。巨石を用いた横穴式石室は、わが国屈指の規模をもつ。石材は冬野川上流の細川谷から切り出したもの。

現在は国営飛鳥歴史公園石舞台地区として整備され、「岡寺前」のバス停から歩いて十分ほど。むしろ飛鳥寺から周遊歩道を歩いて行かれることをすすめる。飛鳥京跡を左に見ながら約三十分。少し汗ばむほどだが、石舞台古墳への丘を登りきると風が心地よい。

宝暦元年(一七五一)の『古跡略考』では、石舞台古墳を「石太屋《いしぶとや》」として掲げ、「内方二間。外東西四間余南北六間余。石太屋といふ。陵にや」と記す。「石太屋」は巨大な岩屋の意味であり、「イシブトヤ」が「石舞台」に変化したことがわかる。本居宣長は『菅笠日記』に、案内人から「岡より五、六丁たつみのかたに、嶋の庄といふ所には、推古天皇の御陵とて、つかのうへに岩屋あり。内は畳八ひら(枚)しかるゝ広さに侍り」と聞いたことを記している。幕末の『西国三十三所名所図会』では、「天武帝殯《もがり》古趾」として挿絵を掲げ、「島庄村の道の傍、田圃の中にあり。すなはち岡に下る道の左に見ゆるなり。高さおよそ二間ばかり周りおよそ十間ばかり。大石を以て積みかさねしものなり。伝へて云ふ。天武天皇を仮りに葬りし古趾なりとぞ」と記す。近世には、石舞台古墳を推古天皇陵とする説や、天武天皇を殯に付した場所とする伝承のあったことがわかる。このように古くから開口していたため、石室内はすでに盗掘を受けており、副葬品は不明である。石室内から凝灰岩の破片が出土しているので、石棺を安置していたことが推定できる。

一九七五年、歴史公園建設にともなう石舞台古墳周辺の発掘調査で、石舞台古墳の築造に際して削り取られた小円墳七基が検出された。墳丘はごく近接しており、石舞台古墳西側の外堤の下になっているものもあった。巨大な権力者、大臣馬子の桃原の墓は、六世紀後半の群集墳を破壊して築造されたのである。これまで私は大和の古墳を数多く見、また踏査してきた。古代史研究者のなかで一番では、とひそかに自負しているが、すでにある古墳を意図的に破壊して、新たに巨大古墳を築造した事例はほかにないように思う。石舞台古墳は封土がすでに失われ、横穴式石室の全体を見ることができる数少ない事例。天井石の巨大なこと、石室規模の大きさ、また推定される墳丘の大きさ、いずれをとっても被葬者のもっていた権力の大きさを示している。春の夕暮、桜の花影のもと、ぼんやりと石舞台古墳を眺めていると、何かしら悲哀の感にうたれる。

島庄遺跡の池

石舞台古墳の西側では、一九七二年以来、島庄遺跡の発掘調査が行なわれている。一九七二年〜七四年には、幅一〇メートルの堤をもつ、一辺四二メートルの方形の池が発掘された。西北の護岸の石組は豪壮なもので、池底には、径二〇センチほどの川原石をびっしりと敷きつめていた。七世紀の初め頃に作られた池であり、その規模や築造時期からみて、大臣馬子の邸宅内にあった池と判断される。

この池がみつかったのは、もと高市小学校のあった場所の北側。現在でも池の東南・東北の堤にあたる所は、一段高くなっている。古代の遺構の痕跡が現地表に明瞭に刻印されており、しかも発見された場所の小字名は「池田」。そこから推古朝の方形池が検出されたのである。現地を訪れるたびに感動を覚える。

島庄遺跡の方形池(写真：橿原考古学研究所)

一九七二年に調査が開始された契機は、末永雅雄博士によって石舞台古墳が調査された一九三三年にさかのぼる。その時博士が常宿とされていたのは、旧高市小学校の前にあった岡本亭だった。その中庭に泉水があって、底には石が敷きつめられていた。泉水を作った際、もとから地中にあった敷石だという。博士は島庄の地名から、蘇我大臣馬子の家に作られた池や、『万葉集』にみえる日並知皇子《ひなみしのみこ》(草壁皇子)の嶋宮《しまのみや》にあった「勾《まがり》の池」や「上の池」を想定されていたのだろう。それが四十年後の調査の発端となった。
三ヶ年の調査では、池の中から島は発見されなかった。そのために大臣馬子の家に作られた池との断定はされなかった。

しかし一九八七年に行なわれた調査で、a・bの二期に分類される遺構があったことがわかった。b期は天武朝。いずれの時期にも方形池は存続している。

乙巳の変(「大化の改新」)の後、蘇我氏の嶋宅《しまのいえ》は離宮とされ、嶋皇祖母《しまのすめみおや》(天智・天武の祖母)や中大兄皇子が住み、天武・持統朝には草壁皇子の嶋宮となったから、方形池はもともと馬子の家につくられたものと推定できるだろう。菅谷文則氏の指摘によれば、直角に曲がった物差しを曲尺《まがりがね》と言うから、嶋宮の「勾の池」とは方形池をさすとみてよい。

方形池にともなう建物はまだ発見されていない。それに関連して思い出すのは、まだ高市小学校があった折のこと。たまたま私は石舞台古墳へ行くため、いつもの道をとらずに、校庭の東南隅から東へ上ろうとした。焼却炉を作るためか、作業員が二メートル四方ほどを掘り下げていたので見ると、底に見事な石敷があった。小学校の敷地は小字「ナルミ」で、飛鳥川に近い平坦地。重要な遺跡地であり、馬子の家があった場所では、とひそかに考えている。いろんな方に聞いても、この石敷を見知った人はおられない。どうも私だけが偶目したようなので、ここに記しておきたい。

「嶋の大臣」について

今から考えると、初期の調査で池の中に島はないと判断されたのは、池の中央にごく小面積のトレンチを設けて発掘されたからであった。当時、誰もが島は池の中央にあるとの固定観念をもっていた。しかしその後、韓国・慶州の雁鴨池《がんおうち》の発掘調査で、三神山(神仙が住むという蓬萊《ほうらい》・瀛洲《えいしゅう》・方丈《ほうじょう》の三島)を模した三つの島が検出された。それらの島は池の中央にはなく、不整形に配されている。池を全面発掘すれば、あるいは島が発見されるのでは、と思う。

一般に「島」とは、周囲を水で囲まれた陸地や、池中の小さな築山をさす。『万葉集』では、「シマ」を「山斎」とも記し、泉水や築山のある庭園を意味する。したがって大臣馬子が「嶋の大臣」と称されたのは、単に邸内に池を掘り中島を作ったことによるのではない。池の周囲や中島・築山に、各種の樹木や草花を植え、自然を模した苑池を作ったことに由来する。百済から新たに伝えられた作庭技術に基づく苑池であり、神仙思想を具現化したものだったと考えてよい。

また池の中から多量の桃の種子が出土した。このことも興味深い。かなり大きな種子だったから、野生のケモモではなく栽培種の食用の桃と思われる。私は大学院生当時、岸俊男先生のお手伝いをして、橿原考古学研究所で藤原宮跡出土の木簡を整理していた。木簡の樹種鑑定に島倉巳三郎先生(当時、奈良教育大学教授)が時折みえて、いろいろ指導していただいたことを思い出す。先生はまた島庄遺跡出土の植物種子の鑑定もされていたので、その桃の種子のことをしきりに話されていた。古代には方形池の周辺には桃がたくさん植えられていたのである。桃原の地名も、それに由来しよう。

桃は神仙思想と深く結びついた木の実。崑崙《こんろん》山に住む西王母《せいおうぼ》は、三千年に一度実を結ぶ蟠桃《ばんとう》を漢の武帝とともに食べたという（「漢武帝内伝」）。大臣馬子は仏教を厚く信仰したが、神仙思想にも思いをよせていたらしい。

上宮王家の滅亡と中臣鎌足の登場

皇極二年（六四三）十一月、上宮王家が滅亡するという大事件が起こった。蘇我臣入鹿が巨勢《こせの》徳太臣《とこだのおみ》・土師娑婆連《はじのさばのむらじ》らを斑鳩に遣わして、厩戸皇子の子で有力な皇位継承資格者である山背大兄王とその一族を襲撃させ、彼らを殺害・自死させたのである。山背大兄王とその妻の舂米《つきしねの》女王《ひめおおきみ》を中心とした上宮王家は、血族が多く強い結束力をもち、斑鳩に集中して住んでいた。舂米女王は、厩戸皇子と膳部臣菩岐々美郎女《かしわでのおみほききみのいらつめ》の間に生まれ、異母兄の山背大兄王の妻となった女性。上宮王家は、大和・河内・摂津・近江・播磨・備後・伊予・讃岐に広大な水田・園地・山林・庄倉屋を所有し、経済的に富裕だった。それで斑鳩寺（創建時の法隆寺）・中宮寺・法起寺（池尻寺）などを創建し、維持することができたのである。この襲撃により、上宮王家はことごとく滅んだ。

この事件が及ぼした影響は大きい。蘇我氏の血筋を引く用明―厩戸皇子―山背大兄王の皇統と、非蘇我系の敏達―押坂彦人大兄皇子―舒明―中大兄皇子の皇統は皇位継承をめぐって対立していたが、舒明即位に際しての紛糾で、山背大兄王を支持した境部臣摩理勢（馬子の弟）が大臣蝦夷により殺害され、蘇我氏内部でもすでに亀裂が生じていた。それがさらに衝撃的なかたちであらわれたからである。大臣蝦夷とその子の入鹿は孤立化の道をたどり、以前にもまして専制体制を固めるようになった。また非蘇我系の中大兄皇子が危機感を強めたことは想像に難くない。そうした状況下、中臣連鎌子《なかとみのむらじかまこ》（鎌足）（六一四～六六九）が登場する。鎌足は学問に優れていたのみならず、傑出した政治力の持ち主だった。

　中臣氏は六世紀初めの継体朝から勢力を伸長した新興氏族であり、忌部《いんべ》氏とともに宮廷祭祀に与った。推古・舒明朝には、鎌足の父である弥気《みけ》や叔父の国子《くにこ》は祭官として宮廷祭祀を担当するとともに、前事《ぜんじ》奏官《そうかん》として執政官の一翼をも担っていた。推古天皇没後に皇位継承をめぐって紛糾した際、弥気は大臣蝦夷の側に立って活躍している。もともと中臣氏は中河内の枚岡《ひらおか》神社（大阪府東大阪市出雲井町）付近を本拠としていたが、弥気の頃には「アスカ」の東に位置する大原（明日香村小原《おはら》・東山）に住んでいたらしい。中臣連鎌足は、推古二十二年（六一四）に大原の邸で誕生している。母は大伴夫人である。

中臣氏と大原

飛鳥坐《あすかにいます》神社から東へ少し上った所が明日香村小原。古代の大原である。鎌足ゆかりの産湯井跡や誕生山があり、誕生山には大伴夫人の墓が伝えられている。鎌足の娘である氷上娘《ひかみのいらつめ》と五百重娘《いおえのいらつめ》は天武天皇の夫人となったが、氷上娘は大原(藤原)夫人とも称され、『万葉集』では天武との間に有名な相聞歌を交わした。

　天皇、藤原夫人に賜ふ御歌一首
わが里に大雪降れり大原の古《ふ》りにし里に落《ふ》らまくはのち
　藤原夫人の和《こた》へ奉《まつ》る歌一首
わが岡の龗《おかみ》に言ひて落らしめし雪の摧《くだ》けし其処《そこ》に散りけむ　(巻二―一〇三・一〇四)

ともに諧謔味あふれた大らかな歌で、二人の愛情の深さをよく示している。「古りにし里」の表現からみると、大原の地はかなり古くから開発されていたらしい。推古十五年(六〇七)には藤原池が作られている。藤原池は明日香村小原にあったと想定でき、小原のマキト池は古代の池の面影をよく残す。大原はまた藤原とも称された。フジの多い所だったのだろう。後のことになるが、天智八年(六六九)、中臣連鎌足に対して大織冠《たいしょくかん》と大臣の位が授けられ、藤原朝臣の姓が与えられたのは、鎌足の故郷の地名に基づく。

推古紀十九年(六一一)五月五日に、宮廷をあげて菟田野《うだの》(宇陀野)に薬猟《くすりがり》をした記事がある。その日の払暁、人々は藤原池のほとりに集まった。薬猟とは、男性は馬を駆って鹿を追い、強壮剤でもある若角をとり、女性は薬草を摘む行事である。翌年五月五日には、羽田《はた》で薬猟を行なっている。飛鳥から紀路《きじ》をたどり、高取町羽内《ほうち》に鎮座する波多甕井《はたみかい》神社の一帯が古代の羽田。宇陀郡大宇陀町や高取町は現在でも製薬業が盛んで、薬草の宝庫でもある。

一九九九年から二〇〇〇年にかけて行なわれた八釣《やつり》・東山古墳群の調査で、注目すべき成果があった。場所は小原・東山集落のすぐ北側、マキト池を見下ろす丘陵である。六世紀中頃から七世紀前半に築造された七基の円墳と、飛鳥時代の巨大な掘立柱の塀が検出された。墳丘規模こそ小さいが、副葬品には金製刀子金具・馬具一式など優秀なものが多い。その被葬者集団としては、やはり中臣氏を想定できる。そうすると鎌足の家系は、六世紀中頃から大原の開発を進め、推古・舒明朝には祭官兼前事奏官として、朝廷内に確たる地位を占めるに至ったと考えることができる。

上宮王家滅亡事件に衝撃を受けた鎌足は、翌年に祭官に任命されたが固辞し、摂津の三嶋(大阪府高槻市・茨木市を中心とした一帯)に隠棲した。三嶋には中臣氏の所領があったらしい。その後、蘇我氏打倒の決意を秘めた鎌足は、大王家の王族の内に識見をもつ人物を求め、まず皇極女帝の弟の軽皇子《かるのみこ》(後の孝徳天皇)に接近した。優れた人物ではあったが、鎌足は飽き足りなく思い、次に皇極の子である中大兄皇子に白羽の矢を立てた。そして飛鳥寺西の広場での有名なケマリの場面となる。大原から飛鳥寺は近い。歩いて十五分ほどである。

槻樹広場でのケマリ

二人が邂逅した経緯は、『日本書紀』の皇極三年(六四四)正月条に詳しい。舞台は飛鳥寺の西側にあった槻樹広場。折しも中大兄皇子は「打毬《だきゅう》」に興じていて、鞠《まり》を蹴ったところ、皮鞋《くつ》が脱げ落ちた。すぐさま鎌足は皮鞋を拾い上げ、跪いて皇子に奉った。

打毬には二義あり、ポロ(polo)とする説と、蹴鞠《しゅうきく》(ケマリ)説がある。

ポロは、馬に乗った競技者がスティック(曲杖)で木製のボール(毬)を打ち合い、相手のゴールに入れて得点を競う競技。現代のスポーツにもある。古代ペルシアで盛んに行なわれ、アラビア・チベットを経由して中国に伝わった。中国に伝来したのは、唐の太宗の時代(六二七〜六四九)とされるから、皇極三年に倭国へポロが伝えられていた可能性は少ない。

一方、蹴鞠は、梁の宗懍《そうりん》が著わした『荊楚《けいそ》歳時記』にみえるから、六世紀初めには揚子江中流域で行なわれていたらしい。七世紀になると、蹴鞠は東アジア世界に伝えられた。こうした歴史的背景からみると、『日本書紀』にみえる「打毬」はポロではなく、蹴鞠だったとみてよい。

当時、朝鮮半島の新羅でも、ケマリは行なわれていた。鎌足と中大兄皇子がケマリの場で知り合ったエピソードと酷似する伝承が、新羅中興の英主である武烈王《ぶれつ》(金春秋)(六〇三〜六六一)と、武烈王を補佐した英雄、金庾信《きんゆしん》(五九五〜六七三)との間にもみえている。『三国史記』(一一四五年編纂の歴史書。全五〇巻)や『三国遺事』(一二八〇年代の成立。全五巻)によれば、金春秋は金庾信の家の前で彼と蹴鞠に興じ、それが機縁となって庾信の妹の文姫《ぶんき》と結ばれた。まもなく二人の間に法敏(後の文武王)が生まれたという。

そこで注目されるのは、持統紀三年五月条に伝えられる、金春秋が大化三年(六四七)十二月に来日し、白雉五年(六五四)十月まで滞在していたという事実である。金春秋は中大兄皇子や中臣鎌足と面識があって親しく、金庾信とのエピソードを二人に伝えたかと想像される。

七世紀前半に、中国からケマリが新羅や倭国(日本)に伝えられていた。英主とその補佐、つまり新羅の金春秋と金庾信、倭国の中大兄皇子と中臣鎌足が、ほぼ同時期にケマリによって親交を結んだと伝えられている。たまたま新羅と倭国で、類似したエピソードが生じた可能性も否定はできない。しかし伝承の骨子や歴史的背景は酷似している。金春秋が倭国に滞在し、中大兄皇子や中臣鎌足と親しかったことを考えると、金春秋と金庾信とのエピソードをもとに、中大兄皇子と中臣鎌足との出会いが語り出されたとみるのが自然だろう。

ケマリが行なわれていたかどうかは別として、二人は槻樹広場で出会い、それを契機に親しくなる。中大兄皇子と鎌足が飛鳥川上流の南淵に住んでいた南淵漢人請安《みなぶちのあやひとしょうあん》の学堂に学び、その往き帰りに、蘇我氏打倒の計画を練ったという話は前にもふれたが、『藤氏家伝』ではやや異なり、鎌足は旻《みん》法師の学堂で『周易』を学び、林太郎(蘇我臣入鹿)と同学だったとする。

蘇我親子の危機感

皇極三年(六四四)、大臣蝦夷と入鹿は、にわかに周辺の防備を固めるようになった。その背景として、国内的には常世神《とこよのかみ》の信仰の高揚、国外的には東アジア情勢の激化をあげうる。

同年七月のこと、東国の富士川のほとりに住む大生部多《おおうべのおお》なる人物が、常世神を祭ることを人々に勧め、その信仰は短期間に大和にまで広がった。大きな社会変動を思わせる出来事である。常世神は四寸ばかりのカイコに似た虫で、常世虫と称された。大きさは親指ほど。色は緑で黒い斑点があり、タチバナやホソキ(イヌザンショウ)の木に付くという。小西正己氏によると、ヤママユガ科のシンジュサンであるとのこと。大生部多は、常世神を祭れば若返り、富を得るといいふらしたが、葛野秦造《かどののはたのみやつこ》河勝《かわかつ》により弾圧され、常世神信仰は終焉した。大臣蝦夷や入鹿の政治権力は功を奏さなかったらしい。二人は危機感を募らせたと思われる。

百済では義慈王が、六四一年(舒明十三)の即位にからんで起こった大乱を鎮圧して権力集中に成功し、翌六四二年七月には高句麗と結んで新羅に侵入した。高句麗では、同年十月に泉蓋《せんがい》蘇文《そぶん》が栄留王を殺害、宝蔵王を立てて専権をふるうようになっていた。百済・高句麗における専制体制の確立は、倭国にも影響を及ぼし、大臣蝦夷と入鹿による専権の強化に向かわせたと考えられる。

乙巳の変へ

上宮王家滅亡後、入鹿は父の大臣蝦夷に代わって全政治権力を掌中にしたらしい。皇極三年十一月、入鹿は甘檮岡《あまかしのおか》に家を並べ建てて、蝦夷の家を「上《うえ》の宮門《みかど》」、自らの家を「谷《はざま》の宮門」と称し、子供たちを王子《みこ》と呼ばせた。家の外に柵を構え、門の側には兵庫を作り、門ごとに一つの水槽と鳶口《とびぐち》数十を置いて火災に備え、また常に力人《ちからひと》に武器を持たせて家を守らせた。畝傍山の東にも家を建てている。池を掘って防御とし、武器庫を建てて矢を貯えた。「上の宮門」「谷の宮門」や王子の呼称からすると、入鹿は自らを天皇に準《なぞら》える意図を持っていたのかもしれない。まことに厳重な防御ぶりで、身辺に危険が迫っていることを察知していたかのようである。

この皇極紀にみえる甘檮岡は、今日いう甘樫丘と、そこから西南方向へ延びる丘陵全体を指している。丘陵全体は歴史公園となっているので、自由に散策できる。里山の景観がよく残り、四季折々、自然に親しみながら歩くのは、まことに心楽しい。散策しながら観察すると、ここからは飛鳥京跡を一望することができ、要塞を構えるには絶好の場所である。丘陵全体に人の手が加わっている痕跡が各所にある。稜線には人工的な削り出しが、谷の各所には不自然な平坦地があり、その一つが小字「エミシ谷」。丘陵全体に遺跡が広がっているのではないだろうか。

甘樫丘には展望台があり、飛鳥を訪ねる人なら必ず上る丘といってよいだろう。地元では豊浦山と呼ばれてきた。一九六七年、丘への登り口に犬養孝氏の万葉歌碑が建てられた頃から上る人が多くなった。戦前に刊行された飛鳥の名所案内には、クガタチが行なわれたという甘樫《あまかし》坐《にいます》神社(第四章参照)にふれるのみで、甘樫丘に言及するものはない。

皇極四年(六四五)六月十二日、入鹿は飛鳥板蓋宮において、中大兄皇子・中臣鎌足らにより殺害された。乙巳の変である。身辺の警護、家の防御を厳重にし、警戒していたにもかかわらず、殺害された。思わぬ油断があったのだろう。翌日、大臣蝦夷は甘檮岡の「上の宮門」に火を放ち自尽した。

一九九四年一月、甘樫丘から西南へ八〇〇メートルほどの所で、登山道整備のための発掘調査が行なわれ、七世紀中頃の炭化した建築部材や焼けた壁土が出土した。乙巳の変で焼亡した蝦夷・入鹿の宮門に関わるものかと思われる。

第四章　斉明朝の飛鳥

―「興事を好みたまふ」女帝―

石神遺跡出土の道祖神像(石造男女像)とその構造(写真：東京国立博物館，構造図：『飛鳥・藤原京展』より)

1　漏剋の発見

大土木工事遺構の発見が相次ぐ

明日香村における近年の発掘調査で、斉明天皇の時代(六五五〜六六一)の飛鳥が大きくクローズアップされてきた。その端緒となったのは、一九八一年十二月に、飛鳥川を挟んで甘樫丘の東に位置する水落《みずおち》遺跡で、漏剋《ろうこく》(漏刻とも。水時計)の遺構が発見されたことである。

斉明紀六年(六六〇)五月条に、「皇太子《ひつぎのみこ》(中大兄皇子)、初めて漏剋《ろうこく》を造り、民《おおみたから》をして時を知らしむ」とみえる。この遺構が発見されるまでは、私をも含めて古代史研究者の多くは、斉明朝に飛鳥で実施されたという大土木工事については懐疑的だった。むしろ養老四年(七二〇)に完成した『日本書紀』の編纂過程で加えられた文飾であり、信頼しがたいとするのが一般的だったように思う。発掘調査により、斉明紀の記述は、史実を伝えている可能性が大きくなってきた。

同じ一九八一年に、水落遺跡の北に隣接する石神《いしがみ》遺跡で第一次調査が開始された。二〇〇二年には、第一五次調査に及んでいる。その結果、斉明朝には大規模な建物が林立し、それは外国使節等をもてなすための宿舎である「鴻臚館《こうろ》」とも言うべき施設であったことが判明した。

さらに一九九二年には、「酒船石《さかふねいし》」で有名な飛鳥東端の丘陵(以下、酒船石丘陵と呼ぶ)の北西斜面で石垣が発見され、酒船石遺跡と命名された。斉明天皇の後飛鳥岡本宮《のちのあすかおかもとのみや》の東の山に築かれたという石垣にあたる。二〇〇〇年二月の調査で、丘陵の北裾から亀形の石造物を中心とする湧水施設が検出されたことは記憶に新しい。

一九九八年、飛鳥池遺跡の東側に位置する飛鳥池東方遺跡で、七世紀中頃のものとみられる幅六〜七メートル、深さ一メートルの北流する大溝が検出され、斉明紀に「狂心《たぶれこころ》の渠《みぞ》」とみえるものの遺構である可能性が指摘された。その後の調査で、この大溝は約一キロメートルにも及ぶことが判明している。

また一九九九年六月、飛鳥京跡で、飛鳥川右岸の川辺近くから、広大な苑池がみつかった。南北二〇〇メートル、東西八〇メートルにも及ぶ。飛鳥川沿いに、これほど広大な苑池が広がっていたとは、研究者の誰もが想像だにしていなかった。飛鳥のイメージを一変させた大発見である。次章でふれる。

このように、近年の発掘調査で斉明朝の大土木工事であることが判明した遺跡・遺構は、いずれも後飛鳥岡本宮に付属する施設とみてよい。

二つの石造物の発見——石神遺跡

一九〇二年(明治三十五)、旧飛鳥村大字飛鳥の小字「石神」から二つの石造物が偶然に発見された。一つは仏教で世界の中心にそびえるとされる須弥山《しゅみせん》を模したものと思われ、須弥山石と呼ばれた。もう一つは石造の男女像で、道祖神《どうそじん》像(石造男女像)と呼び習わされている。これらは中に管が穿《うが》たれていることから、後に噴水施設であると判明した。共に発見後まもなく東京帝室博物館(現・東京国立博物館)に運ばれ、長らくその庭に置かれていたが、一九七四年、国立飛鳥資料館(現・奈良文化財研究所飛鳥資料館)のオープンを機に飛鳥に戻され、同資料館に展示されるようになった。屋外には、それらを当初の姿に復原したレプリカも置かれているので、見知っておられる読者も多いことだろう。

その後実施された発掘調査のこれまでの成果によると、この石神遺跡はA期(七世紀前半〜中頃)、B期(七世紀後半)、C期(七世紀末)、D期(奈良時代)の四時期に区分される。

A期をさらに分けたうちのA3期遺構が斉明朝のもので最も規模が大きく、この時期は水落遺跡と一体化していた。左の図にみるように、東南部に東西五〇メートル以上、南北四〇メートルの石敷広場があり、その北端に建物と大型の井戸がある。さらにその北側の周囲を建物で囲まれた東区画は東西二四・七メートル、南北四九・四メートル、内部に南北棟の巨大な正殿と南側に前殿が配されている。東区画の西側が、長大な廊状建物で囲まれた東西七〇・八メートル、南北一〇七メートルの西区画で、これが石神遺跡の中心施設と推定される。両区画の北側には、総柱の倉庫が点在する。

石神遺跡の北端付近では、東西にのびる塀とそれにともなう二条の石組の溝が検出された。A3期遺構の北限を示すものである。東西塀から南へ約一八〇メートルの所で、藤原宮にも匹敵する大規模な掘立柱《ほったてばしら》の東西大垣が検出されているので、南北の範囲がほぼ確定した。大垣の中央は通路となっていて、南の水落遺跡に通じている。

斉明天皇の時代には、東西の両区画に巨大な建物群が密集し、石敷広場には、当初、噴水施設である須弥山石や道祖神像が置かれていたらしい。瓦が出土しないので、建物群は茅葺《かやぶき》か板葺の宮殿風の建物だったろう。周辺からは東北地方産の内面が黒色の土器、新羅の長頸壺や獣脚の先に蓮弁のついた硯、中国から将来された緑釉の椀などが出土している。

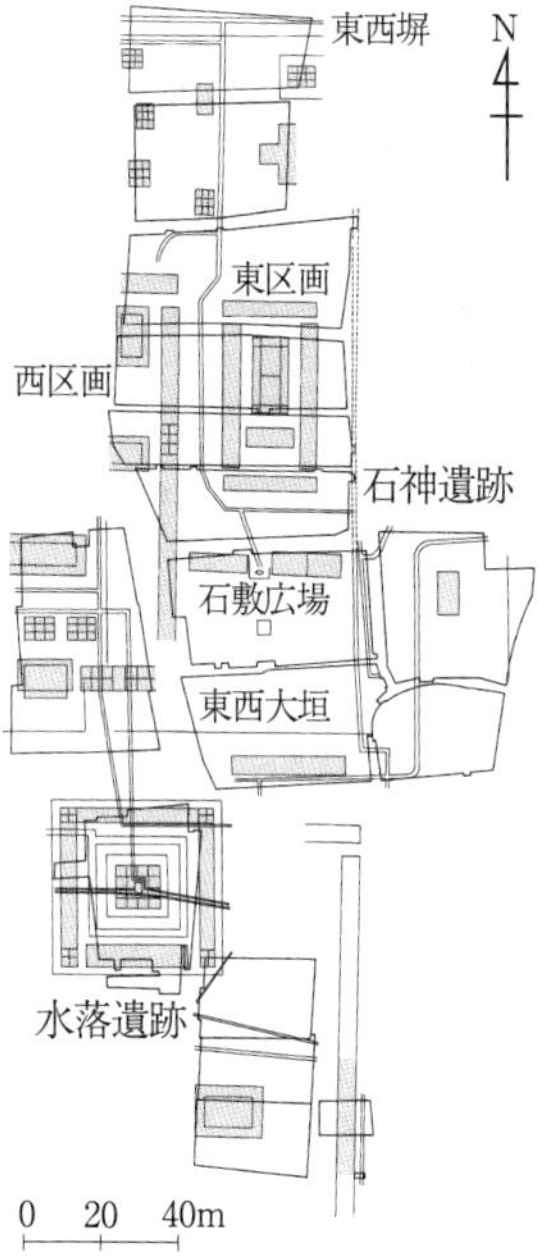

石神遺跡と水落遺跡遺構配置図
（石橋茂登氏作成）

こうしたことから、この

遺構は、新羅などの外国使節や、蝦夷・隼人などの化外《けがい》の人々(国家の支配の及ばない地域の人々)をもてなす鴻臚館的な施設だったと推定されている。巨大な建物の中で、あるいは石敷広場で、それらの人々を迎えて饗宴が行なわれ、建物はまた宿泊機能を併せ持っていたのだろう。

天武朝と藤原宮期の石神遺跡

一方、石神遺跡のB期の遺構は、七世紀後半の天武朝(六七二〜六八六)のもの。全体が整地され、A期とは全く様相を異にする。多数の建物や南北の塀があり、大型建物を逆L字形に配していて、官衙《かんが》(役所)の存在を想定できる。中核となる施設は、さらに北に広がるらしい。

二〇〇二年の調査では、A期にあった沼状遺構に盛土して東西九メートルの池状遺構とし、陸橋を作っていたことが判明した。池状遺構や東西の大溝(幅三メートル、深さ四〇センチ)から、土器・木器・木簡、炭や灰などのゴミ類が多量に出土した。木簡のなかには、大学寮の前身である「大學官」と記すものや、乙丑《いっちゅう》年(天智四年。六六五年)に、「国—評—五十戸」を単位とする行政組織が全国的に確立していたことを示すものがあって、注目された。

さらにその次のC期の遺構は、七世紀末の藤原宮期のもの。建物の存在する範囲はさらに狭くなり、一辺七〇メートルの方形区画が造られ、東側には南北の道路状遺構が検出されている。

藤原宮へ移ってからも、飛鳥には道路や何らかの施設が存在していたことを示す。

二〇〇三年二月には、C期の遺構から出土した木簡に、南朝・宋の元嘉暦《げんかれき》に基づく持統三年三月・四月の暦の含まれていたことが判明した。長方形の板材の表裏に三月と四月の暦を記したもので、使用後に廃棄され、円く刳《く》りぬいて紡錘車に転用されていた。元嘉暦は百済で使用されていたことが史料にみえ、倭国にも伝えられて、持統朝(六九〇〜六九七)には中央の役所で使用されていたのである。暦は中務省《なかつかさ》に属する陰陽寮《おんみょう》で作成されたから、藤原宮へ移る以前には、この地に中務省の前身となる官司があったらしい。

水落遺跡の漏尅遺構

石神遺跡の南側に隣接する水落遺跡は、飛鳥寺との位置関係でいうと、寺域の西北角の西側にあたる。一九七二年に実施された調査で、石舞台古墳を一回り小さくした一辺二一・五メートルの台形状の基壇が見つかった。所在地の小字《こあざ》名「水落」から、水落遺跡と命名された。水落遺跡発見の報に接した時、聞き慣れない遺跡名だったので、飛鳥のどこにあるのか分からず、戸惑いを感じたことを思い出す。最近では、所在地の小字名を冠して遺跡名とすることが一般化した。一九七六年、水落遺跡は国の史跡に指定された。史跡整備にともなう調査の際に漏尅施設の遺構が発見されたのは一九八一年十二月のことである。以後、一九九四年に至る発掘調

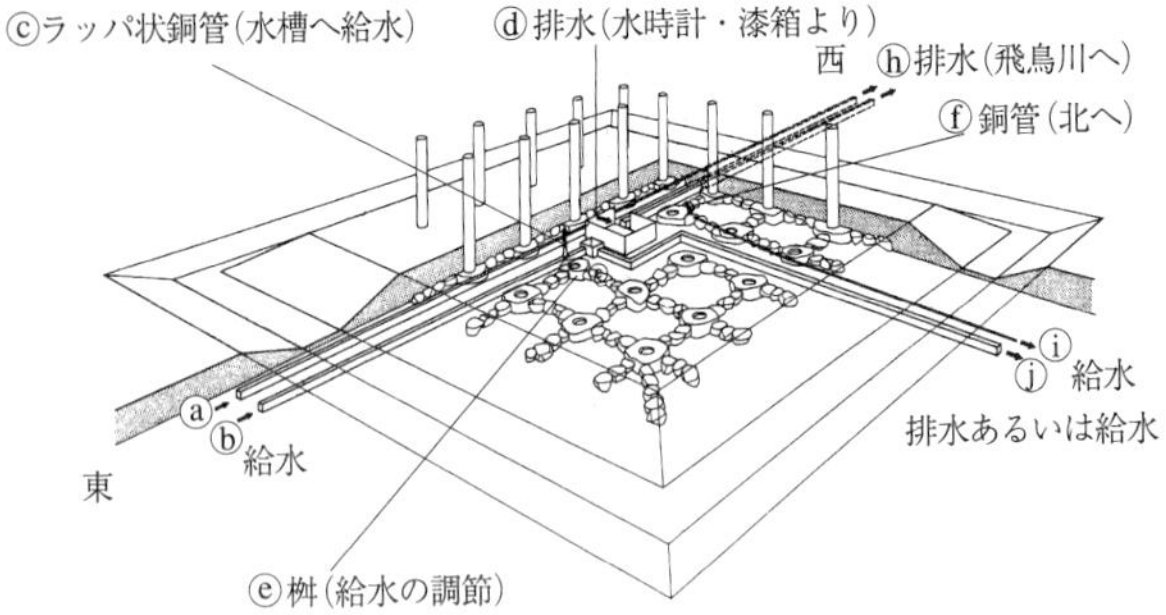

水落遺跡，建物の構造（『飛鳥の水時計』より）

査で、漏尅遺構の全容と周辺施設の大方が判明し、現在では整備・公開されている。

水落遺跡の遺構は、大きくA期（七世紀中頃）とB期（七世紀後半）に分けられる。A期が斉明朝のもの。ここではA期に限って紹介したい。

周囲に貼石を施した基壇上に、中心施設である総柱風の建物がある。一辺約一一メートル。基壇の地下約一メートルに礎石があり、柱を固定するための直径四〇センチもある刳込《くりこみ》座を穿っていた。礎石と礎石の間を石列で連結する特殊な工法（地中梁工法）を用いていることと併せて、柱の移動と不等沈下を防止する構造であり、他に例をみない。よほど精密な器機が設置されていたのだろう。また建物は二層と判断されるので、階上には重量のある器物や施設があったかと想像される。

建物の中心には柱がなく、地下に大きな台石が据えられていた。大石には長方形の窪みが彫られ、漆の被膜が付着していたことから、漆塗りの木箱を置いていたことも判明した。これが漏尅にあたる。

複雑な給水設備

配水系統は実に複雑で、説明が難しい。前頁の図を参照していただきたい。東から送られてきた水は、ⓐⓑの二つの木樋暗渠により、建物に導かれる。ⓐの給水はそのまま西へ流れ、飛鳥川の方向へ排水される(ⓗ)。西方には、「槻樹広場《つきのき》」と呼ばれる飛鳥寺西側の広場があり、後述するように水はそこで利用されたらしい。ⓑは台石の東にある木製の枡《ます》にいったん入り、ⓙへ排水され、さらに北方の石神遺跡西南区へ延びる。ⓑを、枡の所で木樋を閉ざせば、枡の手前で木樋に挿入された大銅管ⓒにより、水は一旦、地上に汲み上げられる。そこから漏尅へは、人力で給水したのだろう。漆塗りの木箱からの排水は、ⓗにより飛鳥寺西側の広場へ流れるが、一部の水は、ⓕで木樋に挿入された小銅管により、ⓘとして北方へ流れ、ⓙと同様に石神遺跡西南区へ延びる。

まことに複雑な給水系統である。給排水のシステムや小銅管をみると、斉明朝にこれほど精緻な技術があったことに驚きを禁じえない。水を利用した斉明朝の遺跡・遺構として、ほかに先に挙げた酒船石遺跡や飛鳥京跡の苑池遺構があり、いずれも巧妙な水利用を行なっている。

現代人は、ともすれば技術は時代とともに進歩すると信じている。しかしそうではない。現代人の過信である。少なくとも古代の給排水システムや石造技術は、現代よりもはるかに優れていた。

漏尅とはどのようなものか

水時計である漏尅そのものについても見てみよう。中国・唐の呂才《りよさい》(?〜六六五)が考案した設計図が『古今図書集成』に引用されている。呂才は貞観年間(六二七〜六四九)に活躍し、太常博士だった人物。

その設計図によると、漏尅は五つの水槽から成る。長方形の箱に、上から夜天池《やてんち》、日天池《につてんち》、平壺《へいこ》、万分壺《まんぶんこ》の四つの水槽が階段状に置かれ、それとは別に円筒状の水槽(水海という)がある。最上段の夜天池に貯えられた水は、サイフォン管により順次流下して、水海に注ぐ。水海には木製の人形があって、水量の増加とともに浮き上がり、人形の捧げ持つ箭《や》に刻まれた目盛りで、経過した時間を計る仕組みである。繰り返し実験を試みたのだろう。例えば日の出から太陽が南中する正午までの間に浮き上がった箭の間隔を、等分に割り付ければ、時刻を知る目印となる。季節とともに日の出の時刻は異なるから、二十四節気ごとの箭があったのかもしれない。

水落遺跡の漏尅については、検出遺構や漏尅に関する資料を検討し、実験を重ねて、左の写真のように復原された。呂才考案のものと比較すると、水海を正方形とし、長方形の箱に入れられているところが異なる。台石に刻まれた長方形の窪みを考慮した結果と思われる。

漏剋の復元模型(『飛鳥・藤原京展』より)

階上には何があったか

水落遺跡の階上には、どのような施設があったのだろうか。難問である。史跡整備が終了した時点では、『飛鳥の水時計』(奈良国立文化財研究所飛鳥資料館)などにみるように、階上には時刻を知らせるための鐘や鼓があったとされた。階下の漏剋で時間を計測し、階上の鐘を撞き鼓を打って、飛鳥一帯に時刻を知らせたとの想定である。後の『令義解《りょうのぎげ》』(九世紀)、『延喜式《えんぎしき》』(一〇世紀)にみられる律令の規定からすると、その想定は揺らぐことはない。

古代中国では、皇帝は時間と暦を支配する存在と観念されていた。漏剋に基づく時刻の告知と暦の頒布は、皇帝のもつ大権だったのである。こうした観念は、隋・唐の律令法を踏襲した日本にも受け継がれ、天皇は時間と暦を支配する存在とされた。それを実質的に担当したのが中務省の陰陽寮であり、漏剋博士や暦博士がいた。近接する石神遺跡から、元嘉暦に基づく暦が出土したのも、故なしとしない。

階上に鐘鼓が置かれ、時を知らせていたとの推定はまず動かない。しかし先に述べた基壇の堅固な基礎構造は、漏剋や鐘鼓を設置するだけとすれば、あまりに厳重にすぎる。それで、階上には天文観測用の水運渾天儀《こんてんぎ》のような、重量のある器物が置かれていたのではないか、天武紀四年(六七五)正月条に、初めて興されたとある占星台《せんせいだい》がそれであろう、との説も出されている。占星台は、水運渾天儀を用いて日月星辰を観測する天文台。しかし水落遺跡の遺構の年代は七世紀中頃だから、天武朝の占星台には宛てにくい。また水落遺跡のすぐ西には甘樫丘があるので、西方の空の半ばは観測できない。占星台は、四方の空を見通すことの出来る小高い岡や山の上に設置されたのだろう。飛鳥では適地をみつけるのが難しい。

須弥山石と道祖神像の構造

目下、もっとも興味深いのは、階上には巨大な水槽が置かれていたとする説であり、私もこれに賛成である。この巨大水槽説は、石神遺跡東南の石敷広場に置かれていたらしい須弥山石や道祖神像の構造と深く関わっている。

須弥山石は、表面に浮き彫りを施した石が三段に重ねられており、高さ二・三メートル。上段は仏教世界の中心を示す須弥山、中段は山岳、下段は海原を彫り出したものとされる。次頁の断面図にみるように、三段の石はいずれも内部を刳りぬいており、内部の構造をみると、中段の石は下段の石とつながらない。間に別の石があったらしい。また下段の石の底面の構造をみると、台石があったようである。もともと四段以上ある巨大な石造物だった。台石部分から上昇してきた水が、下段の石の内部に貯えられ、表面との間に穿たれた数箇所の細い穴から、勢いよく噴き出す仕組みである。上段の石の内部にまで水位が上がると、各段の石の間からも水が滲み出て、あたかも高山に雨が降り注ぐ様になったのだろう。

道祖神像は、盃をもって口許に運ぶ男性の背後から(両手と盃は一部欠損)、女性が抱きついている様を飛鳥石(石英閃緑岩。明日香村の細川谷にみられる)に彫り出したもの(本章扉参照)。高さ一・五メートル。男女は翁《おきな》と媼《おうな》だろう。翁と媼の風貌は異国風。とりわけ翁は頭髪を束ねた上に帽子を被り、顎鬚を垂らす。口髭も蓄えているようだ。その容貌は唐三彩の胡人像によく似ている。媼は引っ詰めの髪で、筒袖の褶《ひらみ》の下に縞模様の裳を着けている。構造図からもわかるように、内部が中空になっていて、翁の口許の盃と媼の口から、水が噴き出す仕組みとなっている。

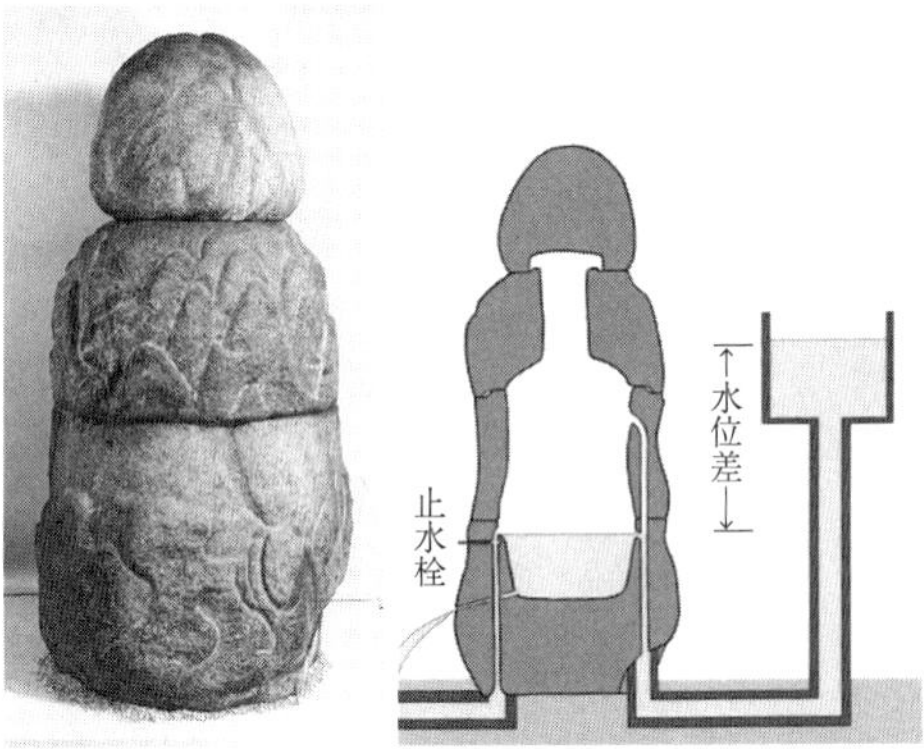

須弥山石(須弥山像)とその構造(写真：東京国立博物館，断面図：『飛鳥・藤原京展』より)

石の噴水を作る技術

須弥山石と道祖神像はともに飛鳥石の表面に、丸彫り技法で山岳や海、人物を彫り出す。なおかつ内部を刳りぬいて中空とし、表面にまで達する細い穴を穿つ。きわめて高度な石工の技術である。現代の技術でも、同様の石造物を造るのは難しいのではないだろうか。

こうした技術の源流については、よくわからない。わずかに推古紀の記述が参考になる。推古二十年(六一二)に、百済から渡来した路子工《みちこのたくみ》(芝耆《しき》摩呂《まろ》ともいう)が、小墾田宮の南庭に須弥山の形と呉橋《くれはし》(中国風の橋)を作ったという。この記述によれば、優れた石造技術は百済から伝えられた可能性が大きい。

古代ローマの噴水はよく知られているが、古代の東アジア世界における噴水の実態やその源流については不明である。今後の検討課題だろう。斉明朝の飛鳥に、国家の威信を示す精巧な噴水があった。これまでもふれてきたように、飛鳥寺西側の広場で、外国使節や化外の人々をもてなし、たびたび饗宴を行なったことと密接に関わっている。

須弥山石や道祖神像から水が勢いよく噴き出し、噴水としてかなりの時間機能し続けるには、高い水圧が必要である。そのためには給水源が高所にあり、なおかつ水量も豊富でなければならない。水落遺跡の建物の階上に巨大な水槽があったとすれば、一二〇頁の図の木樋ⓙにより、石神遺跡東南の石敷広場に据えられていた須弥山石や道祖神像に、給水されていた可能性がある。

石造物は何を表わすか

須弥山石と道祖神像についてもう少し続ける。ほかにも難しい問題があるからである。それらの形状は何を模しているのだろうか。二つの石造物の名称は、一九〇二年に発見された際に付されたものにすぎない。

「須弥山」については、推古紀と斉明紀に記述がみえ、古代の飛鳥に須弥山を象った像があったことは確実である。発見された石造物の形状と右の記述を結びつけ、須弥山石と名付けられたとみて間違いない。道祖神像という呼称は、信州でよく見かける男女双体の道祖神からの連想だろう。古代にも、道と道とが交わるチマタ(衢、街)に石が置かれ、それにクナド・フナドといった精霊が宿ると観念されていた。しかし双体の道祖神は近世のものだから、古代の石造物の名称としては相応しくない。

須弥山は、もともとインド神話にみえる聖山であり、ヒマラヤの山のイメージから生まれたものだった。インドで成立した仏教の宇宙観では、宇宙の中心に位置する山とされる。須弥山(弥山《みせん》とも略される)はSumeruの音訳であり、後世には蘇迷盧《スメル》とも音訳された(意訳では妙高)。しかし、五世紀にインドで成立した小乗仏教の教学書『倶舎論《くしゃろん》』にみえる須弥山の形状と、石神遺跡から発見された須弥山石を較べると、大きく異なる。須弥山がいわば方柱であるのに対して、須弥山石は円柱状。須弥山は周囲の海に七つの山が巡るのに対し、須弥山石では下段に海、中段に山岳を彫り出す。こうして比較してみると、須弥山石と名付けられているが、果たして本当に須弥山を象ったものなのだろうか。

須弥山について

この疑問を解くために、別の視点から検討を加えよう。須弥山については、『日本書紀』に四ヶ所の記事がみえている。

A　…よって(百済から渡来した人に)須弥山《すみのやま》の形および呉橋を、(小墾田宮の)南の庭に構へ

しむ。時の人、その人を号《なづ》けて路子工と曰ふ。また芝耆摩呂と名づく。（推古紀二十年是歳条）

B　須弥山の像《かた》を飛鳥寺《あすかのてら》の西に作って、旦《あした》に盂蘭瓫《うらぼん》の会を設け、暮《ゆうべ》に覩貨邏《とから》の人に饗《あ》へたまふ。〈或本に云く、堕羅人《たらのひと》と〉（〈　〉は分註の部分）（斉明紀三年七月辛丑＝十五日条）

C　甘檮《うまかし》の丘の川上に須弥山を造りて、陸奥《みちのく》と越《こし》の蝦夷に饗へたまふ。（斉明紀五年三月甲午＝十七日条）

D　…皇太子《ひつぎのみこ》、初めて漏剋を造り、民をして時を知らしむ。…（中略）…また石上池《いそのかみのいけ》の辺《ほとり》に須弥山を作る。高さ廟塔の如し。粛慎《みしはせ》四十七人に饗へたまふ。（斉明紀六年五月是月条）

Aは、推古朝の小墾田宮の南庭に池を掘り、その中央に須弥山の形を作って呉橋を架けたとする。池の中央に須弥山の形があり、そこへ渡るために呉橋を架けたのだろう。しかし宮の南庭に須弥山のような仏教的施設を作った事例は、平安宮に至る諸宮に見いだせない。また須弥山に渡る呉橋があったというのも、『倶舎論』にいう須弥山には合わない。したがってこの須弥山を仏教の宇宙観に基づくものとすると、問題が多い。

Bの記事は、須弥山の形を飛鳥寺の西側に作り、七月十五日に盂蘭盆会を行なったとするので、ここでの須弥山は仏教の宇宙観に基づくものである。問題は石神遺跡の東南部にあった須弥山石をさすのかどうかだろう。「飛鳥寺の西」の広場に石神遺跡の東南部を含めるのは、やや難しい。ただし、須弥山石は組み立て式だから、行事ごとに場所を変えて組み立てた可能性もある。「作る」という表現は新しく製作した意ではなく、組み立てたことを意味するのかもしれない。なお、AとBの須弥山の間には半世紀もの年代差があるので、ここでは一応、別のものとみておきたい。つまり須弥山石に似た石造物は二つ以上あったことになる。

Cでは、甘樫丘の川辺に須弥山を作り、陸奥と越の蝦夷を饗応したとする。仏教的宇宙観を表わす須弥山と蝦夷の饗応がどのように結びつくのか、よくわからない。

ここでいう甘樫丘の川辺は、飛鳥寺の西側広場と同一場所である可能性が大きい。広場は飛鳥川右岸(東側)の川辺とも言うべき場所にあり、飛鳥川を隔てて、すぐ西側に甘樫丘が迫っているからである。以下でも述べるように、外国使節や化外《けがい》の人々を饗応したことが度々みえている。

Dで、漏尅と須弥山を造ったことが同じ条にあるのは、石神遺跡の須弥山石と水落遺跡の漏尅が密接に結びついていたことを示す。石上池は、石神遺跡内にあった池である可能性が大きい。実際、須弥山石・道祖神像を据えていたかと想定される場所に近接して、斉明朝の二つの方形池が検出されている。どちらかが石上池だろう。石上池の辺に作られた須弥山は「高さ廟塔の如し」とみえ、須弥山石に相当する可能性が大きい。須弥山と粛慎(中国東北地区の民族)

の饗応がどのように結びつくのかは、不明である。

須弥山石は崑崙山か

須弥山石の形状と表現は、『倶舎論』の記述と合わないし、翁と媼が抱き合う道祖神像との関わりも不明である。須弥山石と道祖神像について、以下、私見を述べよう。結論から先に言うと、須弥山石とされてきた石造物は、神仙思想に基づく崑崙《こんろん》山であり、道祖神像も同じく東《とう》王父《おうふ》(東王公)と西王母《せいおうぼ》を象ったものと私は考えている。

須弥山を作ったとする『日本書紀』のA〜Dの記事も、Bを除けば仏教的色彩は希薄である。とくにC・Dでは、蝦夷や粛慎の人々を、なぜ須弥山のもとで饗応したのか、その理由がよくわからない。さらにBについても、飛鳥寺の寺内は仏教的世界そのものであるが、飛鳥寺西側の広場には仏教的色彩はなく、むしろ基層信仰(神祇信仰)と結びつく要素が色濃い。

とりわけ注目されるのは、多田伊織氏による以下の指摘である。まず須弥山石の造形・表現は古代中国の博山炉《はくさんろ》のそれと類似する。博山炉は豆形の火皿に、先端の尖った山形の蓋をもつ香炉で、前漢に始まり後漢には定式化した。蓋の山形は崑崙山の仙山を模したものである。また古代中国では、仏教伝来後、須弥山と崑崙山が混同されることがあった。梁の宝唱が撰録した『経律異相《けいりついそう》』には、須弥山を崑崙山と混同した記述がみえている。

前漢の武帝の時代には、秦の始皇帝の時代と同じく神仙思想が著しく高揚し、神仙世界の実現を目指して広大な苑池、上林苑《じょうりんえん》が長安に作られた。神仙思想とは、不老不死の生命を獲得して、天上に往来することの出来る僊人《せんにん》(仙人・神仙ともいう)になることを希求するものである。

こうした指摘をふまえると、推古朝や斉明朝に崑崙山として造形された石造物を、『日本書紀』編纂者らが須弥山と誤認した可能性があるように思う。須弥山石という呼称から離れて、石造物そのものの造形や表現を検討することが必要だろう。

「道祖神」は西王母と東王公

崑崙山は、古代中国の人々が西の果てに想像した、大地の中心に位置する聖なる山。戦国末期から前漢にかけて編集された地理書『山海経《せんがいきょう》』には、「天帝の下都」とする。すなわち天上の天帝の都に対して、地上に置かれた天帝の都が崑崙山であり、そこには不老不死の女仙、西王母が住むと観念されていた。

崑崙山の図像は古代日本にも伝えられた。正倉院宝物には、尖った屹立する主峰と、その脇に低い峰が並ぶ山岳を表現するものが多い。大半は崑崙山であるが、なかには須弥山とされるものもあって、よく似た図像である。ここにも須弥山と崑崙山との混同を指摘できるだろう。石神遺跡出土の須弥山石を、崑崙山と断定するにはまだ問題を残している。しかし仏教的宇宙観を示す須弥山とすれば、須弥山石のすぐ近くから、翁と媼が抱き合った道祖神像が出土したことを合理的に説明できない。崑崙山とすれば、西王母と東王公に宛てることが出来る。

崑崙山に住む西王母は、後漢代の画像や壁画に登場する。『山海経』にみえる西王母は、玉山に住む豹尾虎歯の恐ろしい姿をした女性で、蓬髪《ほうはつ》に玉勝(髪飾り)を着けている。次第に人格化し、崑崙山に住む神となった。東王公は東の地の果てにある東荒山中の大石室に住み、身長一丈、頭髪は白く光り、鳥面虎尾であるという(『神異記』)。

西王母が馬車で東王公のもとへ往来した物語(『太平広記』巻六の東方朔伝)や、希有鳥《けうちょう》に乗って東王公を訪れた記述(「東方朔神異記」)などの伝承をふまえると、道祖神像は崑崙山に住む西王母が東王公を訪れた様を造形しているものとも想像されよう。そうすると、もともと石神遺跡の東南の石敷広場では、須弥山石(実は崑崙山)を西側に、道祖神像を東側に配していたかと思われる。ともに神仙思想に基づく石造物だった可能性が大きい、というのが私の現在の推測である。飛鳥資料館へ行かれたら、そういうことも頭においてこれらの石造物を見ていただきたい。

飛鳥寺西の槻樹広場をめぐって

飛鳥寺の西側は飛鳥川に近く、川原と言うべき空間で、飛鳥川を隔てて甘樫丘がある。古代には飛鳥寺の西側広場は、亭亭と聳える槻《つき》の樹を中心としていた。

槻の樹はケヤキ。古代に神聖視された樹木には、真木《まき》と称されたヒノキやスギのように、常緑針葉樹の巨木が多い。ケヤキは落葉広葉樹。しかし材質が堅牢で、とりわけY字形となった巨樹は双槻《なみつき》・両槻《ふたつき》と称され、二俣小舟《ふたまたおぶね》に作られたり、巨石を運搬する橇《そり》状の「修羅《しゅら》」に利用された。それで神聖視され、斎槻《ゆつき》とも称されたのである。用明天皇の磐余池辺双槻宮《いわれのいけのへのなみつきのみや》や、あとで言及する斉明天皇が田身峯《たむのみね》に作らせたという両槻《ふたつき》(二槻)宮も、Y字状の斎槻があったことに基づく名称と思われる。

飛鳥寺の西側にあった槻樹《つきのき》広場やその槻の樹については、『日本書紀』にたびたびみえている(次頁の表参照)。

飛鳥寺の西側に大槻があり、その枝が折れたことさえ記録されているから(f)、神聖視された斎槻だったと思われる。大槻の下の広場では人々が打毬(蹴鞠《けまり》)をして遊び興じたり(a)、近江遷都後には飛鳥古京を守る留守司《るすのつかさ》が置かれ、壬申の乱に際しては軍営とされた(c)。注目されるのは、(a)では打毬の行なわれるこの広場が、乙巳《いっし》の変(いわゆる「大化の改新」)の後には、きわめて政治的な色彩を帯びるようになったことだろう。

皇極四年六月十二日、中大兄皇子や中臣鎌足らが当時の最高権力者であった蘇我臣入鹿を殺害し、ただちに飛鳥寺に入って軍営とした。以後、蘇我大臣蝦夷の自尽、舒明天皇の子で、次

『日本書紀』に見える飛鳥寺の西の槻の樹

(a) 皇極3(645)年正月	(中臣の鎌子，中大兄皇子の)法興寺の槻の樹の下に打毬《まりく》うる侶《ともがら》に預《くわわ》りて
(b) 大化(645)元年6月19日	(天皇，皇祖母尊，皇太子)大槻の樹の下に，群臣たちを召し集めて，盟曰《ちか》わしめたまう
(c) 天武元年(672)6月29日	(穂積臣百足《ももたり》ら)飛鳥寺の西の槻の下に拠りて営《いおり》を為《つく》る
(d) 天武元年(672)6月29日	(穂積臣百足)飛鳥寺の西の槻の下に逮《いた》るに
(e) 天武6年(677)2月	(多禰嶋人等に)飛鳥寺の西の槻の下に饗《あえ》たまう
(f) 天武9年(680)7月	飛鳥寺の西の槻の枝，自づからに折れて落ちたり
(g) 天武10年(681)9月	(多禰嶋人等に)飛鳥寺の西の河辺に饗たまう
(h) 天武11年(682)7月27日	(隼人等に)明日香寺の西に饗たまう
(i) 持統2年(691)12月12日	(蝦夷男女213人に)飛鳥寺の西の槻の下に饗たまう

に即位するとみなされていた古人《ふるひとの》大兄《おおえ》皇子の出家があって、十四日に軽《かる》皇子（孝徳天皇）の即位に至るという複雑な経緯があった。

槻樹広場が問題となるのは、孝徳天皇が壇に昇って即位した場所としてである。『日本書紀』には明瞭な記述はみえないが、この広場だったらしい。そして六月十九日の記事（b）となる。孝徳天皇、皇祖母尊《すめみおやのみこと》（先の皇極天皇）、中大兄皇子以下、群臣らが大槻の下に集い、「…今より以後、君は二つの政《まつりごと》無《な》く、臣《やつこらま》は朝《みかど》に貳《ふたごころ》あること無し…」と盟約し、皇極四年を改めて、大化元年とした。これを「大槻樹下の誓い」といっている。

「大化」という年号について

ここで注意しておかなくてはならないが、盟約後に「大化」年号を定めたとの『日本書紀』の記事については問題が多い。記述によれば、大化はわが国最初の年号である。しかし大化(六四五〜六五〇)とそれに続く白雉《はくち》(六五〇〜六五四)のあと、しばらく年号はなく、天武朝末年に朱鳥《あかみとり》(六八六)年号が定められた。持統朝には年号はない。大宝(七〇一〜七〇四)以降は、現在の平成に至るまで、連綿として年号が存在する。現在、西暦などのほかに年号のあるのは、世界で日本のみである。

平安初期までの年号は、いずれも祥瑞《しょうずい》の出現にともなう改元であったが、ただ一つ例外なのは大化年号であり、また「大化」という語句の出典も明らかではない。大化年号は、『日本書紀』にみえる以外は、わずかに「宇治橋断碑」にみえるのみで、それも平安初期に作られた可能性が大きい。したがって乙巳の変の直後に大化年号が定められたとの記述は、きわめて疑わしい。『日本書紀』の編纂に際して、中臣鎌足の大功を顕彰するために加えられた文飾とみなすべきものだろう。

槻樹広場での饗宴

しかし飛鳥寺西側の広場に高々とそびえる大槻のもとで、君臣が一体となって新しい国家体制の樹立を目指す、政治的な盟約がなされたのは事実だったのではないだろうか。ほかにも、飛鳥寺西の槻樹広場で誓約を行なった事例が散見するからである。

表の(e)・(g)〜(i)の記事は、いずれも当時、化外の民とされていた多禰嶋《たねのしま》(種子島)の人たち、隼人《はやと》、蝦夷らに、飛鳥寺の西の槻の下、飛鳥寺の西の河辺、明日香寺の西などで、饗宴したものである。また先にあげた須弥山に関する記事でも、Bは飛鳥寺の西で覩貨邏《とから》の人に、Cは甘檮の丘の川上(川辺)で陸奥と越の蝦夷に饗している。饗宴の前提として、化外の人々が国家に対して服属を誓ったことを想定しうる。服属の誓約ののちに、饗宴が催されたのである。

飛鳥寺西側の槻樹広場は、繰り返し誓約が行なわれる場所だった。この広場は飛鳥寺の西側にあり、飛鳥川の川辺とも言うべき地であったが、広場に関わる史料を検討すると、飛鳥寺やその本尊に対して誓約が行なわれた形跡はない。わずかに広場で盂蘭瓫会を行なったという一二九頁のBの記事のみが仏教的色彩を帯びるだけで、その他の誓約は大槻の下かその周辺で行なわれたことが強調されている。槻の巨樹は斎槻と観念され、その下は神マツリを行なう斎庭《ゆにわ》(清められた神聖な場所)であった。さきの表の(b)においても、天神地祇に誓約する形式をとる。後述するように、この地に飛鳥寺が建立されたのも、仏を仏神(神々の一柱)として受容したことから、それまでも神マツリをしていた斎庭を選んで、寺院を創建したのである。

甘樫丘の神々

現地に立つとよくわかることだが、飛鳥川をはさんで目前に甘樫丘がある。注目されるのは、允恭《いんぎょう》天皇の時代に甘樫丘の碕《さき》でクガタチ(盟神探湯、手を熱湯に入れさせる神明裁判)を行ない、氏姓の混乱を正したと伝承されていることだろう(允恭紀四年九月条)。甘樫丘は東北方向へ岩盤が延び、またすぐ北側に雷丘があるため、北流してきた飛鳥川はここで西方へ大きく屈曲している。

甘樫丘を登ってすぐの所に、前にも述べた犬養孝氏の明日香風の万葉歌碑が建つ。その付近が丘の碑(突端部)で、中世以前には甘樫坐《あまかしにいます》神社四座が鎮座していた可能性が大きい。同社の祭神八十《やそ》禍津《まがつ》日命《ひのみこと》、大禍津日《おおまがつひ》命、神直毘《かんなおび》命、大直毘《おおなおび》命は言葉の呪力を掌る神々だった。クガタチの伝承は、甘樫丘の碑にこれらの神がいると観念されたことから生じた。

西宮一民氏の説によると、マガツヒとは「嘘を言えば多くの禍を惹起する霊力」の意である。記紀の日本神話にみえるところでは、黄泉《よみ》国から逃げ帰ったイザナギ命が日向の橘の阿波岐《あはき》原でミソギした際に化生した神々のうちに、八十禍津日神と大禍津日神がみえ、またその禍《まが》を直そうとして生じた神が神直毘神と大直毘神であった。直毘神とは、禍を直す霊力をもつ神をいう。

こうしてみると、飛鳥寺西側の大槻の樹のもとで、繰り返し誓約が行なわれた背景が浮かび上がってくる。斎槻の下の神聖な場所で、甘樫丘の丘前に坐す言葉の呪力を掌る神々に誓約すれば、決して違約することは出来ない、もし誓いに背くと厳罰が下ると観念されていた。化外の人々も国家に対して服属を誓ったからこそ、ここで饗宴を催してもてなしたとみることが出来るのである。

2　酒船石遺跡をめぐる

亀形石槽の出現――飛鳥の地下に眠る遺構

さて、二〇〇〇年二月、飛鳥寺から南へ五分ほど歩く酒船石丘陵の北裾から、亀形石造物(亀形石槽)が出現した。

黒雲母の斑点が所々にある大きな石英閃緑岩(飛鳥石)を用いて、円形の大きな体部と、頭・両手足・尻尾を彫り出す。全長約二・四メートル、幅二メートルで、顔を南、尻尾を北に向ける。体部には甲羅がなく、幅一九センチの縁を残して内部を掘り窪め、深さ二〇センチの水槽状とする。頭部は丸く、二つの目玉を刳いていていてユーモラス。両手足にはそれぞれ四本の爪が

亀形石槽と小判形石槽．奥は湧水塔(写真：明日香村教育委員会)

ある。尻尾は三角状。

口にあたる部分に穴が穿たれ、V字形の溝が縁の下を貫通して石槽の中央に延び、再び縁を穿って尻尾に至っている。口から入った水を石槽に貯え、尻尾から排水して、南北に走る溝に注ぐ構造である。石槽内に這い蹲《うずくま》り、V字溝を観察する機会に恵まれた。よく見ると、石槽側から縦に細く溝を穿っているが失敗したらしく、再度、その下に溝を穿っている。まことに手のこんだ細工と言えよう。

この丘陵周辺に広がる酒船石遺跡の調査では、前年の十二月に、大規模な遺構がすでに検出されていた。遺構面は、調査当初の地表から約一三メートルも下である。東側には、階段状を呈する八段の石垣があり、その上にテラスが広がっていて、さらに北側の調査区外に延びる石段がある。西側には、丘陵の裾に沿って飛鳥石の土台石があり、その上段には、後にふれる天理砂岩を用いた石垣があって、酒船石丘陵への登り口となっているらしい。調査区の中央には、約一二メートル四方の石敷が広がっている。拳大の川原石を敷きつめたもので、所々に黄色っ

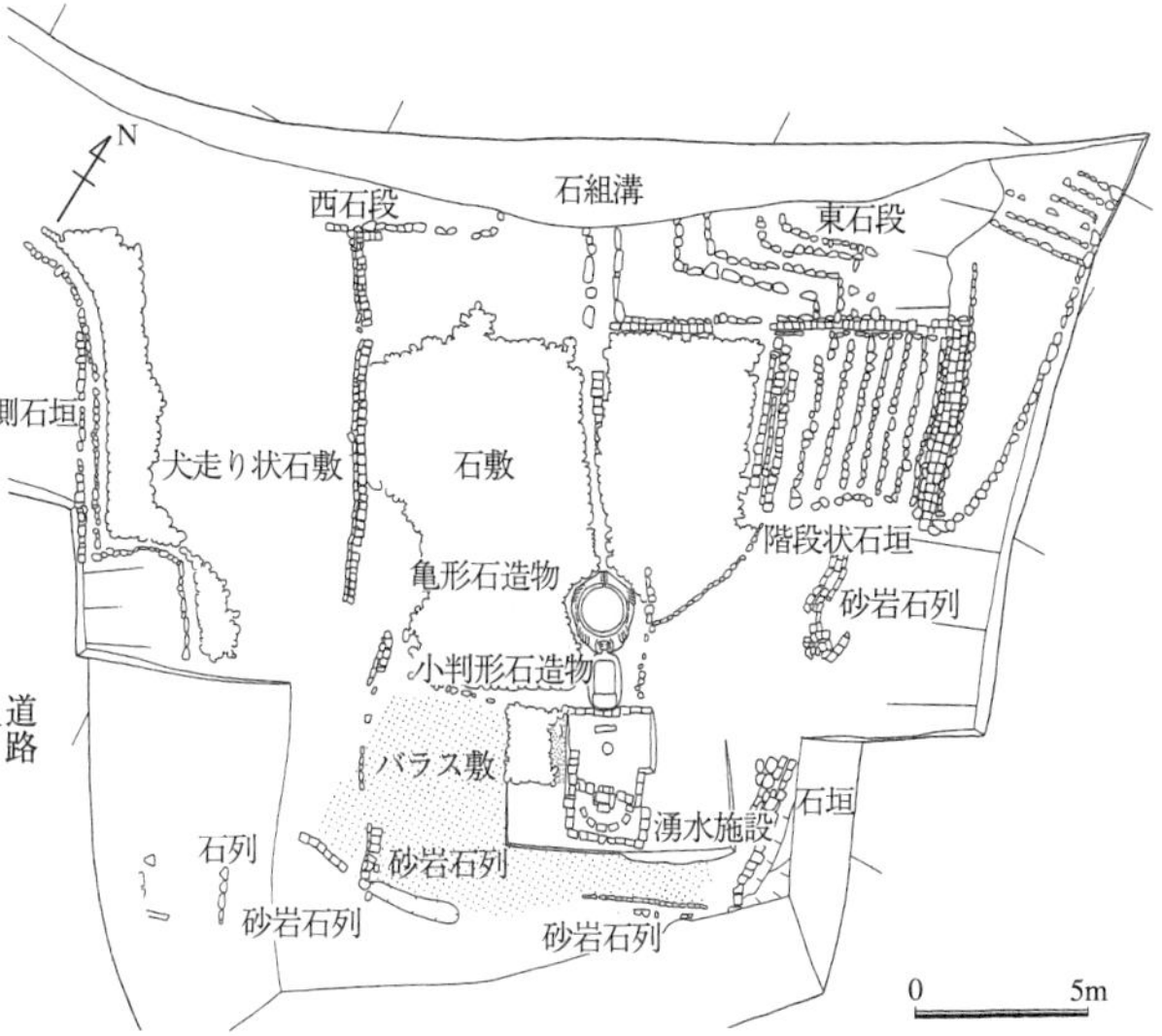

酒船石遺跡の略図(明日香村教育委員会)

ぽい天理砂岩が混じる。調査現場は、わずかに西北方向にのみ開けた擂り鉢状の地形で、その底に右の遺構が広がっていた。

最初、東側にある八段の石垣を眼にした時、とっさに古代ローマの競技場の石段を思い浮かべ、これまで飛鳥では見たこともない大遺跡だと直感した。それだけでも感激していたところ、年が明けてから亀形石槽が発見され、続いてその南側から小判形石槽、さらに一月ほど後、南側の山際から湧水塔が検出されたのである。検出された遺構は斉明朝に造営され、壬申の乱後の天武朝に再整備された湧水施設で、ここでは国家的な儀礼が行なわれたとみてよい。

つくづく飛鳥は恐ろしい所と思った。何が発見されるか、わからない。飛鳥の地下には、研究者の誰もが予想だにしない大遺跡や遺構が眠っている。酒船石遺跡で検出された遺構は、その一端にすぎないのだろう。

酒船石丘陵は人工の山だった

飛鳥には、謎の石造物が点在している。酒船石、猿石、亀石、鬼の俎《まないた》、鬼の厠《せっちん》、第一章でふれたミロク石など。いずれも飛鳥石を加工したもので、奇妙な形状をし、その用途や製作された年代はよくわからない。先に取り上げた須弥山石・道祖神像も、石神遺跡や水落遺跡の性格が解明されるまでは、やはり謎の石造物とされてきた。

これまで多くの人々が飛鳥に魅力を感じてきた理由の一端は、謎を秘めたこれらの石造物にあったと言っても過言ではない。ガイドブックなどにも、「古代飛鳥のロマン」などと喧伝され、なかでも酒船石と猿石・亀石の知名度は抜群だった。

酒船石は江戸時代にすでに人々の耳目を集めていた。明和九年（一七七二）三月に飛鳥を訪れた本居宣長は、酒船石を見て、『菅笠日記』に、次のように記述している。その観察力たるや、まことに的確。文は人なり、との印象を強くする。

…右の方の高きところへ、一丁ばかりのぼりたる野中に、あやしき大石あり。長さ一丈二三尺。よこはひろき所七尺ばかりにて、硯《すずり》をおきたらんやうして、いとたひらなる、中の程に、まろに長くゑりたる所あり。五六寸ばかりのふかさにて、底もたひらなり。…(後略)

また幕末の『西国三十三所名所図会』では、当時のベストセラー作家であった暁鐘成《あかつきのかねなり》も、現地を訪ねて、「飛鳥神社の酒殿《さかどの》の古跡なりとぞ。…古は今のごとく槽にて絞りて造りしにはあらず、酒槽の来由いぶかし」と「酒槽」の語に疑問を呈している。

酒船石の所在地は、明日香村岡にある天理教岡大教会のすぐ北側丘陵の上。自然の丘陵のように見えるが、実はそうではない。丘陵を人工的に削りだし、また土を積んで形を整えた山である。岸俊男先生が御存命の頃、藤原宮や藤原京の範囲を想定するため、何度となく飛鳥の山野を踏査された。私は道案内を兼ねて御一緒させていただいたが、酒船石西側の竹藪を踏査した際、先生は人工的な段差のあることに気づかれ、「この丘陵は人工の山だ」とおっしゃったことを鮮烈に思い出す。先生の直感は一九九二年に至って実証されることになった。

その年五月、酒船石丘陵の北西斜面で道路敷設中、天理砂岩を重ねた石垣が偶然に発見された。工事は直ちに中止されたが、それを契機として、明日香村教育委員会により酒船石丘陵とその周辺地域の発掘調査が継続して実施された。その結果、斉明朝の遺構や遺物が広範囲に存在することが判明。酒船石遺跡と命名されたのである。

一九九五年の調査では、道路に近い丘陵西斜面で、飛鳥石を積み上げた大規模な石垣が発見され、そして亀形石槽を中心とした遺構の発見へと続く。

酒船石（写真：明日香村教育委員会）

斉明紀に記された大土木工事

これまで述べたように、近年の発掘調査で、斉明朝（六五五〜六六一）に飛鳥で行なわれた大土木工事に関わる遺跡・遺構が相次いで判明した。これらの大土木工事はとりわけ斉明紀二年是歳《このとし》条の記述と密接に関わるので、まず是歳条をその構成に沿ってみてみたい。①②③は飛鳥とその周辺で行なわれた「興事《こうじ》」と、それに対する人々の批判である。最後の⑤は吉野宮造営をさす。

① 是歳、飛鳥岡本に更に宮地を定めた。時に高麗（高句麗）・百済・新羅が使いを遣わし調《みつき》

を進めたので、紺色の幕を宮地に張り巡らせて、饗宴を行なった。その後、宮を起こし(建て)、遷《うつ》って後飛鳥岡本宮と号した。

飛鳥岡本とは、飛鳥岡と称された丘陵の下の意。斉明(皇極)天皇の夫であった舒明天皇は、舒明二年(六三〇)十月に、小墾田宮から飛鳥岡の傍の岡本宮に移った。飛鳥岡本宮という。斉明天皇も同じ場所に宮を営んだので、その宮を後飛鳥岡本宮と称したのである。後飛鳥岡本宮の遺構については、飛鳥京跡の発掘調査でほぼ確定されている(第三章参照)。

斉明天皇は、斉明元年(六五五)正月に飛鳥板蓋宮で即位し、同年冬に飛鳥板蓋宮に火災が起きたので、飛鳥川原宮に移った。その翌年に後飛鳥岡本宮の造営を開始した。高麗(高句麗)・百済・新羅の使者を迎えたときにはまだ造営途中だったので、宮地に紺色の幕を張り巡らせて饗宴している。完成後に飛鳥川原宮から後飛鳥岡本宮に移った。

② 田身嶺《たむのみね》の頂上近くに、冠を被ったような形状に垣を巡らせた。また嶺の上の両槻《ふたつき》の樹の辺りに観《たかどの》を起て、両槻宮《ふたつき》と名付けたが、それは天宮《あまつみや》とも称された。

田身嶺とは、奈良県桜井市の多武峯《とうのみね》をさす。御破裂山《ごはれつざん》(標高六〇七・七メートル)を中心に、頂上すぐ下の南側には、藤原鎌足を祀る談山《たんざん》神社が鎮座する。談山神社は、関西ではよく知られた紅葉の名所。多武峯の頂上近くの両槻の辺りに「観」を建て、両槻宮と称したという。両槻(二槻)宮は多武峯の頂上近くの離宮だった。他の離宮とは異なり、よほど高所にあったことから、「天宮」とも称されたのだろう。

「観」については、古く一九二三年(大正十二)に、黒板勝美により道教の寺院(道観)である可能性が指摘された。近年、道教や神仙思想についての研究が深化し、再評価されつつある。「観」には高殿の意もあるから、道観と断定するのはまだ難しい。斉明朝における神仙思想の高まりからすると、神仙の住む仙宮と観念された可能性はある。

また、亀形石槽の見つかった酒船石遺跡を、両槻宮の一部、あるいは両槻宮への入り口施設とする見解が、目下、有力視されている。私見では、両槻宮の範囲が飛鳥の盆地部に位置する酒船石丘陵までをも含んでいるとは考えにくいように思う。

石上山の石を運ぶ

③ 斉明天皇は興事《こうじ》(大土木工事)を好んだ。すなわち水工《みずたくみ》に命じて、香山《かぐやま》(香具山)の西から石上山《いそのかみのやま》に至るまで渠《みぞ》を掘らせ、舟二〇〇隻に石上山の石を積み、流れに沿って運び、宮の東の山に引き上げ、石を累《かさ》ねて垣を造った。

この記事を地形に則して読むと意外に難しい。飛鳥とその周辺の地形を十分に踏まえて理解する必要がある。とりわけ「石上山」と「石上山の石」の関係が問題である。「石上」を天理市布留《ふる》に鎮座する石上《いそのかみ》神宮ととる説もあるが、背後の布留山は「石上神山」として神聖視されており、石を採掘したとは考えにくい。

後飛鳥岡本宮の遺構や酒船石遺跡から出土するのは、黄土色の凝灰岩質砂岩を方形に加工した石である。乾燥すると白色を呈する石。この石を「天理砂岩」呼んでいる。岩石学の研究者である橿原考古学研究所の奥田尚氏は、天理砂岩の採石地として天理市豊田町に所在する豊田山を指摘されている。

豊田山は実際には天理市豊田町と、隣接する石上町に跨がっている。石上町は石上神宮から北西へ二・二キロメートルのところ。したがって豊田山で産出する石を、当時、「石上山の石」と称したとみることができる。こうして天理砂岩が石上山(豊田山)の石であると確定でき、それによって斉明紀の記述に対する信頼度も高まったのであった。

では「渠」はどこからどこへ掘られたのか。香具山の西から豊田山までの直線距離は約一三キロメートル。もしこの両地点の間に水路が掘削されたとすれば、奈良盆地の南北のほぼ半分にも及ぶ大土木工事であり、当然、現在の地表にも何らかの痕跡が残る筈だろう。しかし痕跡は全く見当たらない。「石上山に至る」とはどこをさすのか、を考える必要があろう。

石上山の石はどのように運ばれたか

④　当時、人々はそれを誹《そし》って「狂心《たぶれこころ》の渠《みぞ》」と言った。渠を掘るために功夫三万余を、石

垣を造るために七万余の功夫を、徒《いたずら》に動員したからである。宮の材木は朽ち果て、山の頂に埋もれたので、人々はまた「石の山丘は造るに随って自ずから崩れてしまった」と謗ったという。

ここで狂心の渠について、新たな推測を提示しておきたい。豊田山(石上山)で掘削された天理砂岩は、現地で方形に加工されたのだろう。一つ一つはそれほどの重量ではないから、香具山の西まで畚《もっこ》で運ぶことは可能である。ただ多人数を要するから、布留川とその支流を利用して舟で大和川へ下し、さらに今度は寺川とその支流である米川を用いて香具山の西まで運べば効率的だっただろう。しかし香具山の西からは利用できる水路がない。そこで掘削されたのが狂心の渠だったと想定する。

香具山の西側の標高は八五メートル、亀形石槽の場所で約一二〇メートル。香具山の西に集められた大量の石を、狂心の渠を利用して、舟に乗せて酒船石丘陵の麓まで運ぶのはかなり難しかっただろう。少なくとも三五メートル以上の高低差があるから、所々で水を塞き止め、ダムアップしながら上流に舟を遡らせる必要があった。「舟二百隻を以て、流れの順《まま》に宮の東の山に控《ひ》き上ぐ」との記述は、それを物語る。

このようにして天理砂岩は宮の東の山、すなわち後飛鳥岡本宮の東に位置する酒船石丘陵に引き上げられ、石垣が作られた。したがって、石上山の石を宮の東の山に積んで石垣としたことから、酒船石丘陵をも石上山と称するようになった、とみてよい。④では単に「石の山丘」ともしている。この記事が難解なのは、天理の石上山(豊田山)の石が飛鳥に運ばれ、それで石垣を築いた山をも飛鳥の石上山と称したことにある。同様に斉明紀六年五月条には、石上池の辺に須弥山を作った記事がみえている。この石上池も、豊田山の石を護岸や池底に用いて作った池だったことによる呼称とみてよいだろう。

狂心の渠の発見

飛鳥で狂心《たぶれこころ》の渠《みぞ》が確認されたのは一九九八年。画期的な大発見である。奈良国立文化財研究所による発掘調査で、飛鳥池遺跡の東側に位置する飛鳥池東方遺跡から、七世紀中頃に遡る北流する幅六〜七メートル、深さ一メートルの大溝が、約二〇〇メートルにわたって検出された。そして年度末に刊行された『奈良国立文化財研究所年報』で、大溝の年代や規模などから、狂心の渠である可能性が示唆されたのである。

一九九九年二〜三月、明日香村教育委員会が行なった飛鳥坐《あすかにいます》神社近くの飛鳥東垣内遺跡でも、同じ流路が確認された。三時期の変遷がみられ、A期の大溝が狂心の渠に相当する。幅一〇メートル、深さ一・三メートルの素掘溝《すぼりみぞ》で、七世紀中頃に遡るものである。B期は七世紀後半のもの、C期は八世紀前半のもので、やや規模を縮小している。流路の延長は、飛鳥池東方遺跡で検出された部分と合わせると、約四〇〇メートル。また一九九〇年に同教委が奥山久米寺の東方で確認した大溝（溝幅一二メートル以上、深さ〇・六メートル以上。七世紀末以前）までを含めると、約一キロメートルにも及ぶ。

以上の発掘調査成果により、狂心の渠は飛鳥に実在することがほぼ確実になった。その流路も、田村吉永《よしなが》氏の説で想定されていた明日香村の北部、奥山集落の北に存在する大規模な窪地を含めると、香具山の西側に達する。狂心の渠は、斉明紀にみえるように、香具山の西側から酒船石丘陵（飛鳥の石上山）の北側に至るものだった。私もかつて論文「飛鳥岡について」で、狂心の渠は香具山の西側から酒船石丘陵西側に達すると想定していた。実際には丘陵の北側であり、その点は少し異なる。しかし斉明天皇の狂心の渠の経路についての大方の理解は立証されたわけで、新聞の報道があった夜、私は一人ささやかな祝杯をあげた。

私もその翌日、狂心の渠の痕跡を求めて、飛鳥池遺跡・飛鳥池東方遺跡の奥の谷筋を踏査した。酒船石丘陵北側の谷筋である。日頃、私は一人で飛鳥の各地を歩き回ることが多い。それでもこの谷筋は深いため、足を踏み入れたことはなかった。しかし厳寒期だったこともあって、地形がよく分かった。狂心の渠の上流につながるかと思われる流路は、東と東南の二筋に分かれ、さらに谷奥まで延びている。地形を観察すると、自然に形成されたものではなく、人為的に改変を加えられた痕跡が歴然としており、驚かされた。東の岡寺山に続く酒船石丘陵の北側斜面にそれが顕著であり、また東に遡る谷筋では、流路を確保するために、深い切り通しを作っており、大規模な土木工事であったと思われた。

その後、酒船石丘陵の調査では、天理砂岩を用いた石垣が検出されている。とりわけ二〇〇二年十一月の第二〇次調査の成果が興味深い。酒船石から東南へ約一五〇メートル離れた丘陵北斜面で、「L」字状に曲がる石垣が発見され、石垣列の東端と推定された。地形を観察すると、そのすぐ直下まで、狂心の渠が延びていたことは確実である。

斉明紀四年に記されている有間皇子《ありまのみこ》の謀反事件では、留守官蘇我赤兄臣《そがのあかえのおみ》が有間皇子に斉明天皇の三失政を挙げて謀反をそそのかすのだが、三つのうち、「長く渠水《みぞ》を穿《ほ》りて、公粮《おと》を損し費すこと」「舟に石を載みて、運び積みて丘にすること」が、④の内容に一致する。有間皇子は逮捕された際、謀反を起した理由を尋ねられ、「天と赤兄と知らむ。吾全《おのれもは》ら解《し》らず」と答えた。「天」を中大兄皇子とするのが一般的だが、私は斉明天皇を指すと思う。後年、有間皇子を偲んだ歌が数多く作られたが、天智の子である川嶋皇子も歌を詠んでいる(『万葉集』巻九―一七一六の左註)。もし中大兄皇子(天智)が事件の背後にいたら、川嶋が歌を作ることはなかっただろう。『日本書紀』の分註によれば、有間皇子はかなり周到な軍事行動を計画していたらしい。

斉明紀によれば、狂心の渠の掘削には三万余の功夫、宮の東の山に石垣を築くのに七万余の功夫が動員された。ほかにも石神遺跡や水落遺跡の建物群、飛鳥京跡の苑池遺構の造営にも、多数の功夫が全国から動員されたとみてよい。そのため飛鳥における大土木工事は人々の怨嗟の的となった。そうした人々の誇りを、赤兄は有間皇子に語ったのである。一方、大土木工事が実施された背景には、斉明朝には全国的に行政組織が整い、全国から十数万の功夫を徴用しうる支配体制が確立していたことが見てとれる。

吉野宮の造営

⑤　また吉野宮《よしののみや》を作った。

簡略な記事である。吉野宮については、奈良県吉野郡吉野町宮滝に所在する宮滝《みやたき》遺跡であることが確定している。

宮滝遺跡の発掘調査は、一九三〇年(昭和五)～三八年に末永雅雄博士により、また一九七五年から現在に至るまでは奈良県立橿原考古学研究所により行なわれている。その結果、宮滝集落西部の河岸段丘第一段に、奈良時代の石敷が広がるのに対して、集落中央部の河岸段丘第二段からは、方位を同じくする柵列《さくれつ》や建物群が検出されていて、天武・持統朝の吉野宮であることが判明した。さらに一九九一年の調査では、集落東部から七世紀中頃にさかのぼる東西五〇メートル、南北二〇メートルという広大な池と、東西三五メートルの柵列がみつかり、出土した土器類からここが斉明朝の吉野宮であると断定された。斉明紀の記述は史実であったことが確認されたことになる。

亀形石槽のカメは何か

さて、ここで酒船石遺跡の亀形石槽に話を戻そう。その形状は、甲羅はないものの体部は正円で、一見してスッポンに類似している。形状からみると、亀形石槽は巨大なスッポン（鼈《べっ》という）であるが、その可能性は少ない。古来、スッポンは中国でも日本でも卑俗な食べ物とされ、神聖視されることはなかったからである。

魅力的なのは、亀形石槽の形状をウミガメとみる説である。古代にはウミガメをめぐる伝承がいくつかあった。よく知られているように、丹波国余社《よざ》郡管川《つつかわ》の人瑞江浦嶋子《ひとみずのえのうらしまのこ》は大きな海亀を釣り、その大亀が女と変じたので、共に蓬莱山に到ったという（雄略紀）。同様に丹後国与謝郡日置里の筒川嶼子《しまこ》は、釣り上げた五色の海亀が乙女に変じたので、共に蓬山（蓬莱《ほうらい》山）に赴いたと伝承されている（『丹後国風土記』逸文）。古代中国では、巨大なウミガメ（鼇《ごう》という）一五匹が渤海の東に浮かぶ神仙（僊人・仙人）の住む島、岱輿《たいよ》・員嶠《いんきょう》・方壺《ほうこ》・瀛洲《えいしゅう》・蓬萊《ほうらい》の五山を背中に載せているとの伝承があった（『列子』湯問）。また唐の楊濤は「巨鼇冠霊山賦」で、東海の巨鼇が仙山を載せているとし、張友正の「釣鼇賦《ちょうごうふ》」では、東海に三山があって六匹の巨鼇が背に載せているとする。

先にもふれたように、斉明朝は神仙思想が高揚した時代だった。田身嶺《たむ》(多武峯)にあった両槻宮も、神仙の住む仙宮(天宮)と観念されていたらしいことは前に述べた。それで巨大なウミガメ(鼇)が蓬萊山を背負うという古代中国の神仙思想に基づいて、亀形石槽は天宮に擬された両槻宮を背にのせるウミガメとして造形されたとの説がある。しかし私は少し異なった考えをもつ。

田身嶺にあったという両槻宮と、亀形石槽のある場所はあまりに隔たっている。それに亀形石槽のカメの前肢・後肢は四本の爪をもつ。ウミガメの前肢は櫂状で、爪もないことから、ウミガメとは見なしえないのではないか。

亀形石槽は巨大な淡水に棲むカメを表現したものだろう、と思う。問題があるとすれば、カメの四肢の爪は五本であるのに対して、亀形石槽では四本の爪として造形されていることだろうか。しかし斑鳩《いかるが》の中宮寺に伝来する天寿国繡帳の亀に酷似している点に注目すれば、亀形石槽は巨大なカメを造形したものとみてよい。天寿国繡帳の亀は、四肢の爪はともに四本であり、甲羅は正円として造形されていて、頭部や尻尾もよく似ている。(原繡帳の製作年代については、大橋一章氏の精緻な研究により、聖徳太子が亡くなった直後であることが確定している。)

天寿国繡帳の銘文四百字は『上宮聖徳法王帝説《じょうぐうしょうとくほうおうていせつ》』に引用され、「右は、法隆寺の蔵にある繡帳二張に縫ひ着けたる亀の背の上の文字なり」と記す。上段左部分の原繡帳がひと続きの断片として残ったところに、亀甲図が明瞭に残り、亀甲に四文字ずつ刺繡されていた文字もいくつかは読み取れる。以下に述べるように、亀の甲羅に文字があることからウミガメではない。明らかに巨大なカメである。古代中国では、洛水、つまり淡水の大河から神聖な大亀が出現し、赤い文様と篆字《てんじ》があったと『宋書』に伝える。いわゆる「河図洛書《かとらくしょ》」のうちの「洛書」である。

推古朝後半に、正円の甲羅をもち四肢に四本の爪のある亀がすでに造形されていた。亀形石槽はそうした造形をふまえ、斉明朝になって、巨大な石造の亀として造り出されたものである。

祥瑞としてのカメ――亀形石槽はどう使われたか

亀形石槽の用途については、天寿国繡帳の亀の背に文字のあることがヒントとなる。

古代中国では、亀は長寿を保つことから神聖視された。戦国時代から漢初にかけて成立した『管子』では、亀は一千年を経ると毛が生じ(現在、蓑亀《みのがめ》と称するもの)、寿五千年のものを神亀、寿万年のものを霊亀という、とする。漢代には麟・鳳・龍とともに四霊とされ、また蛇と組み合わせて玄武とされた。すでに殷代の安陽期に亀甲や獣骨を用いて卜占を行ない、その結果を文字で刻んだ。甲骨文である。

古代日本においても、律令で亀は祥瑞であると定められている。祥瑞が出現すると、年号が改められた。祥瑞改元である。白雉から元慶に至るまで一九例に及ぶ。そのうち背に文字があるなどの祥瑞の亀が出現したということで、奈良時代に霊亀・神亀・天平・宝亀、平安時代初めに嘉祥の改元が行なわれている。天平年号は亀の背に「天王貴平知百年」の文字があったことに基づく。もちろん甲羅に文字や図柄が浮かび出たカメが自然界にいる筈はない。政治的な意図をもつ人物が、人為的に仕組んだものである。

こうした事例をもとにすると、天寿国繡帳の亀甲に文字が刺繡されていたことの背景がよくわかる。文字を背に負う祥瑞の亀(瑞亀)と認識されていたのである。その天寿国繡帳の亀と亀形石槽の亀は酷似している。亀形石槽の亀は、瑞亀だった。

ここで少し飛躍する。亀形石槽は、現状では正円の水槽となっていて、甲羅はない。しかし憶測を加えると、もともと有機質の材料で造られた甲羅があったのではないだろうか。水槽の縁が平坦になっているのは、上部の物を支えるためだろう。開閉式になった甲羅に図や文字があったとすると、それは祥瑞としての亀にほかならない。有機質の甲羅は朽ち果てて、発掘調査では検出されなかったと想像する。

〝斉明水〟と醴泉

酒船石遺跡の調査では、亀形石槽の上方、酒船石丘陵の北裾部から湧水施設が検出された。

天理砂岩を方形に積み上げ、その中央に湧水塔が立つ。その周囲の底面にも天理砂岩を敷きつめ、湧水を水圧で湧水塔の上部にまで導くようになっている。湧水塔上部の北側は開口していて、木樋(残存しない)で小判形石槽に導水し、さらに亀形石槽に注ぎ込む構造である。

発掘調査中、湧水施設の周辺から水が滾滾《こんこん》と湧き出ていた。一晩たつと、石槽のまわりまで水浸しになるほどの水量。それで四六時中ポンプを稼動させ、ホースで西方の道路際の水路に排水していた。明日香村教育委員会では、お茶の伊藤園の研究所で湧水を分析してもらったところ、名水として知られる六甲山系の湧き水とほぼ同成分で、飲用可能なおいしい水であることがわかった。ホースから排水される水を、私も飲んでみた。実においしい。ペットボトルに入れて持ち帰り、沸かしてコーヒーを飲んだら、常とは異なる香ばしさだった。漏れ聞くところでは、斉明天皇ゆかりの名水ということで、〝斉明水〟と命名されているとのこと。いつの日か、村起しの一つとして、〝斉明水〟が世に出れば、と願っている。

注目されるのは小判形石槽。南端部が少し高く平らに造り出されているから、何か重量のある物を置いたのだろう。湧水塔から小判形石槽に注がれた水に、何かを添加する仕掛けがされていたのではないだろうか。小判形石槽に貯えられた水は、そのまま亀形石槽に注がれたとするのが一般的だが、それでは南端部の造り出しを解釈できない。

憶測を重ねる。小判形石槽で何らかの手を加え、酒の香りや味わいのある水としたのではないか。それは醴泉《れいせん》にほかならない。「醴」は「あま酒。一夜酒」の意。醴泉とは、少し甘く酒の香りのする湧水をいう。延喜治部省式の祥瑞条では、醴泉は大瑞《たいずい》とされている。

養老改元の契機となったのは、霊亀三年(七一七)九月、元正天皇が行幸した美濃国当耆《たき》郡の多《た》度《ど》山の美泉が醴泉だったことによる。多度山の美泉は養老の滝ではないものの、養老の滝近くの養老神社境内の「菊水泉」を指す。日本百名水の一つであり、その名も「菊の甘い香りがする泉」の意。

持統七年(六九三)十一月に、近江国益須《やす》郡から醴泉が発見された(『日本書紀』)。ただしこの時には改元されていない。また仁寿四年(八五四)七月二十三日、石見国からの奏言によれば、醴泉が湧き、三日で涸れたと。それが世に稀な嘉瑞であるとして、十二月三日に斉衡元年と改元されたのである(『日本文徳天皇実録』)。

古代の日本で醴泉が大瑞として認識されていたことは確実で、亀形石槽に関連して、菅谷文則氏は貞観六年(六三二)三月、唐の九成宮《きゅうせいきゅう》で発見された醴泉の影響を指摘されている。欧陽詢書の「九成宮醴泉銘」がよく知られている。

酒船石の命名の謎

醴泉との関わりで言えば、「酒船石」の呼称が改めて注目されよう。実は酒船石丘陵とその周辺には「酒舟」「酒峯」「酒谷」といった酒のつく小字名が広がっている。酒船石の呼称も、小字「酒舟」に由来する。また酒船石遺跡では、そうした小字名の分布に対応するように、天理砂岩が検出されている。

本居宣長は、先に引用した『菅笠日記』の続きの箇所で、また暁鐘成の『西国三十三所名所図会』でも、酒船石に関連して、近世、この地に飛鳥坐《あすかにいます》神社の酒殿(酒を醸す建物)があったとの伝承を記している。醸造業に詳しい暁鐘成は、古代の酒造りの方法に言及し、間違いを指摘してすらいる。ただし、こうした伝承は近世に生じたもの。むしろ「酒舟」「酒峯」「酒谷」などの小字名に注目したい。

というのは、私のこれまでの経験では、奈良盆地内の現在の小字名は、荘園絵図にみえる小字名と比較すると、その七割ほどは中世後期に遡る。確証はないが、さらにその約五割は古代に遡るように思う。小字「酒舟」等も古代に遡る地名である可能性が大きい。そうするとこれらの小字名は、むしろ酒船石遺跡の調査で確認された湧水に関わる呼称であった可能性が大きい。醴泉であったことが、こうした小字名として残っているのではないだろうか。憶測を重ねたが、一つの試案として提示しておきたい。

酒船石遺跡の遺構については、これまでいろいろな解釈が示されている。両槻宮に関わるとするもの、ミソギの施設、庭園、饗宴の場とする説などである。中核施設である湧水から南北溝に至る施設は、右に検討したように、単なるミソギの場とは思われない。ミソギの場であれば、もっと簡素な施設だろう。

精巧で丁寧な作りであり、神仙思想に基づく要素が認められる。大規模な石垣や石敷を含めて全体としてみれば、後飛鳥岡本宮の東の山(酒船石丘陵)に築かれた壮大な庭園施設ととらえうる。酒船石丘陵は蓬萊山に見立てられ、その北麓には醴泉が湧き出していた。醴泉を中心とした施設では、斉明天皇自らが秘儀を実修し、また外国使節をもてなす饗宴の場としても利用されたと推測する。斉明は重祚する前、皇極天皇としてその元年(六四二)八月、大日照りに際して飛鳥川上流で雨請いを行ない、たちどころに大雨が降ったと『日本書紀』が記す(「はじめに」参照)ように、若い頃には巫女王としての性格を有していた。

実際に酒船石遺跡まで足を運び、機会があれば〝斉明水〟を味わっていただきたいものだと思う。

第五章　飛鳥浄御原宮の歳月

―律令制国家の成立へ―

本薬師寺，西塔礎石から東塔跡を望む

1　壬申の乱と飛鳥

壬申の乱はじまる

壬申《じんしん》の乱は六七二年六月二十四日に勃発し、七月二十三日に天智天皇の子、大友皇子が自尽したことによって終焉した古代最大の内乱であり、大海人《おおあま》皇子(後の天武天皇)が勝利したことで、天武朝に本格的な律令国家体制が成立する。

壬申の乱については、『日本書紀』巻二十八に詳しいが(以下、巻二十八を壬申紀と呼ぶ)、記述は複雑でわかりにくい。大海人皇子軍の動きは、従軍した舎人《とねり》たちの日記をもとに日を追って記述されており、克明である。一方、近江朝廷側の動向は、日を明確に示さずに、それも一括して記されている。近江宮が焼亡したため、近江朝廷の記録の大半が失われたことに起因するのだろう。

壬申紀の記述をいったんバラバラにして、六月二十四日から、一日一日、大海人皇子側の行動、近江朝廷側の動向、大和で挙兵した大伴連吹負《おおとものむらじふけい》軍の動きを追っていくと、たとえば近江朝廷側の挑発があったので、大海人皇子は止むに止まれず立ち上がったとする記述に疑問が生じる。

養老四年(七二〇)五月に奏上された『日本書紀』(初めは『日本紀』と称する)の編纂最終段階における最高責任者は、天武天皇の子であった舎人《とねり》親王であり、壬申紀では父である天武の立場を正当化している可能性が大きい。壬申紀については実録とされる向きが多いが、今後の研究には史料批判が必要と思う。

壬申の乱の帰趨を決したのは、二十五日の夕刻までに大海人皇子側が美濃の不破《ふわ》の道を塞ぐことに成功したことに尽きる。二十二日に大海人皇子は舎人の村国《むらくに》連《のむらじ》男依《おより》ら三人に対し、「美濃に急行して、安八磨《あはちま》郡の湯沐令《ゆのうながし》(皇太弟であった大海人皇子の所領の管理者)である多臣《おおのおみ》品治《ほんじ》に軍略の概要を示し、挙兵して不破の道を塞ぐように」と命じた。そして二十五日に男依らが不破の道を塞ぐまでの経緯を考えると、大海人皇子は事前に用意周到な軍事計画を立てており、少なくとも長子の高市《たけち》皇子をはじめとする腹心たちに、予めその概要を指示していたと思われる。

六月二十四日の午前十時前後、大海人皇子とそれに従う人たちは、吉野宮(奈良県吉野郡吉野町宮滝《みやたき》の宮滝遺跡)を出立。二十六日の夕刻に桑名の郡家《こおりのみやけ》に到達するまで、不眠不休で急行した。二十七日に大海人皇子は美濃の野上行宮《あんぐう》に入り、乱が終結するまで野上を離れない。七月二日、大海人皇子は全軍に出動命令を下す。壬申の乱では、主として近江を舞台に、大海人皇子軍と近江朝廷軍の戦闘が繰り広げられた。しかし大和でも、大海人皇子に呼応して立ち上がった大伴連吹負を将軍とする軍勢と近江朝廷軍との戦いがあった。ここでは飛鳥での戦闘に焦点を絞って述べよう。

飛鳥での戦い

大伴氏では、大伴連馬来田《まぐた》と吹負の兄弟、二人の甥にあたる御行《みゆき》・安麻呂兄弟が大海人皇子軍に加わった。

大伴連吹負は六月二十九日に行動を起こし、留守司《るすのつかさ》を急襲、占拠した。留守司は、近江遷都に際して古京《ふるきみやこ》、すなわち飛鳥守備のために設置されたもの。高坂《たかさか》王と倭漢《やまとのあや》氏出身の坂上《さかのうえの》直熊毛《あたいくまけ》が長官であり、吹負は事前に熊毛と密謀していた。この日、吹負は数十騎を率いて百済の家の南門を出て飛鳥寺北側の道を通り、偽って「高市皇子が美濃から来襲した」と叫びながら寺の西側にあった留守司を急襲、熊毛やその配下の倭漢氏らが内応したため、留守司は簡単に占拠された。この時、近江朝廷側から穂積臣百足《ほづみのおみももたり》と五百枝《いおえ》の兄弟、物部首《もののべのおびと》日向《ひむか》らが動員命令を伝える使者として派遣されていたが、五百枝と日向は直ちに拘束され、また小墾田兵庫《つわものぐら》に出向いていたため、留守司への出頭が遅れた百足は射殺された。

このように吹負の活躍が特筆されているのに対して、兄の馬来田は吉野宮を脱出した大海人皇子の一行を追ったことが見えるのみである。しかし壬申の乱後の褒賞をみると、馬来田に対する評価の方が高い。また御行については、第一章でも引いた『万葉集』の「大君は神にしませば…」の歌は作者を「大将軍右大臣」とするので、壬申の乱の時には将軍の一人だった可能性がある。ところが壬申紀にはまったく言及がない。大和における吹負の活躍が詳述されているのは、壬申紀の編纂に際して大伴連吹負の家記と言うべきものが採用された結果と思われる。

斉明朝の迎賓館として紹介した石神遺跡から、数多くの鉄の鏃《やじり》が出土していて注目される。石神遺跡は阿倍山田道の南側に広がっており、すぐ北側が小墾田だから、小墾田兵庫も近傍にあったのだろう。出土した多数の鉄鏃は、壬申の乱にかかわる遺物と考えられる。

吹負、奈良山で敗走する

壬申紀による飛鳥での戦闘の模様を続ける。

翌七月一日、吹負は奈良市の北方にあたる奈良山へむかって進軍した。途中、稗田《ひえだ》(大和郡山市稗田町)に至ったところで、近江朝廷軍が河内から大和へ向かっているとの情報が入ったため、兵力を割き、河内方面のいくつかの要衝へと向かわせた。稗田の集落は古道・下ツ道の東に接しているから、吹負軍は下ツ道をとって北上したとみてよい。

七月三日、将軍吹負は奈良山の上に軍営を設けたが、この日、飛鳥古京を守るため荒田尾直《あらたおのあたい》

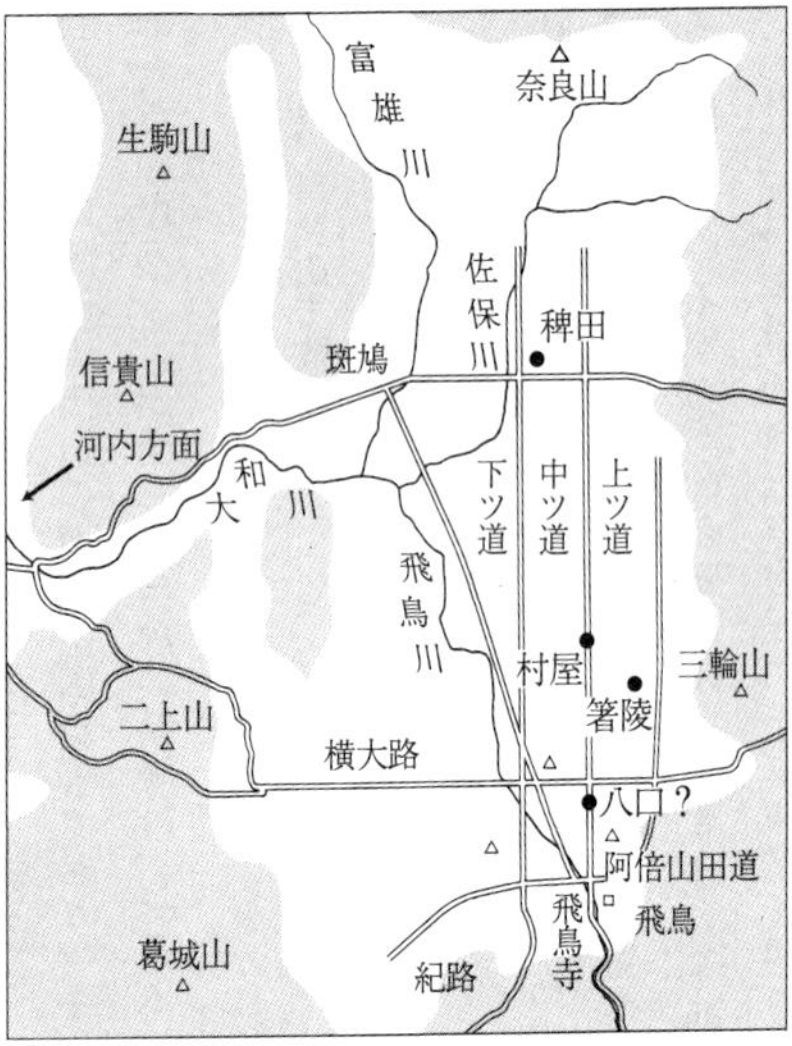

壬申の乱と飛鳥

赤麻呂・忌部首子人《いんべのおびとこびと》を飛鳥に派遣している。赤麻呂らは古京に至り、橋板を剝がし取って楯とし、古京周辺の衢《ちまた》(道路と道路が交わる所)に立て並べた。伏兵がいると見せかけたのである。

　橋板は、飛鳥川に架けられていた橋の板だろう。古代の飛鳥川にはいくつか橋が架けられていた。阿倍山田道が飛鳥川に突き当たる地点と、川原寺と橘寺との間を東西に走る道(「飛鳥横大路」と仮称している)が飛鳥川に突き当たる地点である。後者は明日香村岡と同橋の間に架かる川戸橋。明日香村役場の西側に架かる高市橋は、昭和になってからのもの。川戸橋は、その上流約六〇メートルの所に架かる小さな橋。明和九年(一七七二)に本居宣長が歩いた時には、土橋であった(『菅笠日記』)。

　七月四日、将軍吹負は大野君果安《おおののきみはたやす》率いる近江朝廷軍と奈良山で戦って敗れ、敗走した。大野君果安軍はそのまま南下し、八口《やぐち》というところまで来て山に登り、飛鳥古京を望むと、衢ごとに楯が立てられている。それで伏兵があるかと疑い、果安は引き返したという。

果安は中ツ道を南下して香具山に登ったのだろう。八口の地名は残っていないが、橿原市南浦町付近に想定できる。3節で述べる飛鳥池遺跡で出土した天武朝の木簡に、大和の寺院名を列挙したものがあり、その内に「矢口(寺)」がある。矢口は壬申紀にみえる八口と同じだろう。

紀路を防衛する砦群

近鉄吉野線の飛鳥駅近くから西南方向へ、紀路《きじ》が延びている。紀路は『万葉集』にみえる古道であり(巻四―五四三)、「巨勢路《こせじ》」とも称された(巻一―五〇)。中世以降、「高野街道《こうや》」と称されて、現在に至っている。これまで何度となく紀路を歩いているが、古代の面影を濃厚に伝えているのは、飛鳥駅から高取町森《たかとり》までの間と、吉野線吉野口駅(御所市古瀬《ごせこせ》)から重阪峠《へいさか》付近までだろうか。紀路は紀ノ川河口に達する古道であり、奈良時代には南海道とされた。

二〇〇二年十二月、高取町森で森カシタニ遺跡が発見された。高取町教育委員会の発掘調査による。紀路に沿った場所で、実は私の家からもごく近い。自分の住むムラで古代史上の大発見があり、全国にも大きく報道されたことは、古代史研究者としてまことにうれしかった。

森カシタニ遺跡は紀路を見下ろす丘陵の先端部にあり、遺跡地に立つと見晴らしがよく、飛鳥の甘樫丘を見通すことができる。すぐ東側に丘陵があって、紀路はその間を縫っており、飛鳥駅付近から歩いてくると、突然、遺跡地が目に入ってくる。遺跡の立地や遺構からみて、飛鳥方面を監視する望楼であり、逆茂木《さかもぎ》を思わせる柱穴の列が巡らされているのは砦のようである。出土する土器から六七〇年前後と推定された。壬申の乱前後のきわめて注目される遺跡である。

これまでにも紀路に沿って、佐田遺跡(高取町佐田)や檜前上山《うえのやま》遺跡(明日香村檜前)で、同様の遺構が検出されており、立地もよく似ている。紀路沿いに砦を兼ねた望楼が点在しており、飛鳥防衛の施設群があったとみなしてよいだろう。とりわけ森カシタニ遺跡では年代が特定されたことの意義が大きい。

上ツ道・中ツ道・下ツ道

大野君果安軍が撤退したあと、近江朝廷側の将軍壹伎史韓国《いきのふひとからくに》の率いる大軍が、河内から奈良盆地に侵入してきた。敗走中の吹負は、美濃から救援にかけつけた置始連菟《おきそめのむらじうさぎ》の率いる千騎の騎馬隊に助けられて、本営を金綱井《かなつない》(橿原市小綱《しょうこ》町)に置いて態勢を立て直し、横大路を西進して当麻《たいま》(北葛城郡当麻町)に至って韓国の軍と戦い、勝利を収めた。その頃、美濃からの救援軍が大和に多数到着したので、本営に戻った吹負はそれらの軍勢を分け、それぞれ「上《かみ》・中《なか》・下《しも》ツ道」に当たらせて、自らは「中ツ道」の守衛についた。折しも近江朝廷軍は、奈良山を越えて奈良盆地を南下し、「中ツ道」では村屋神社(田原本町)付近で、「上ツ道」では箸陵《はしのみささぎ》(箸墓古墳。桜井市箸中)の辺で吹負軍と激突、吹負軍の勝利に終わった。以後、近江朝廷軍が大和を襲うことはなくなった。

右の壬申紀の記述にも明らかなように、壬申の乱当時、上ツ道・中ツ道・下ツ道の三つの古道が存在していた。下ツ道の路面や東西の側溝は、平城宮朱雀門の下層などで検出されており、七世紀後半にはすでに敷設されていたことが裏付けられている。側溝や犬走りをあわせた道路の規模は三四・五メートル(路面幅は一八メートル)で、大和の古道では横大路(道路規模は四二メートル。路面幅三五メートル)に次いで広い。二〇〇三年六月に、中ツ道の路面や東西側溝も橿原市の出合《であい》・膳夫《かしわで》遺跡の調査でみつかった。藤原京の東四坊大路として利用されており、当初の道路規模は一七・五メートル(路面幅一四・五メートル)。藤原京のある時期に拡幅されたことも判明した。

藤原京の造営に関連して、後に少しふれることになるが、上ツ道・中ツ道・下ツ道の三道や横大路などの大和の古道がいわば再発見されたのは、岸俊男先生による藤原宮・藤原京の復原に際してであった。下ツ道は平城京の羅城門から見瀬丸山古墳に至るまで、現在でも明瞭に残っており、散策することで各時代の歴史を追体験することができる。道沿いの社寺や遺跡を訪ね、道標や常夜灯の銘文を読み、町並みを見て歩くのは楽しい。下ツ道と横大路の交差する橿原市八木町の「札の辻」あたりは、今も近世の景観をよくとどめている。

中ツ道については、岸説では飛鳥の橘寺の東側にまで達していたと想定されている。出合・膳夫遺跡の発掘調査で、香具山付近までは確実に延びていたことが明確になった。香具山以南では、石神遺跡で中ツ道は検出されず、また「アスカ」では飛鳥京跡が広がっていたから、中ツ道がそのまま延びていたと想定することは難しい。阿倍山田道に取り付いていたかと推測される。

三道はなぜ敷設されたか

上ツ道・中ツ道・下ツ道の三道はいつ敷設されたのだろうか。『日本書紀』の白雉四年(六五三)六月条に、「処処に大道を修治す」とある。しかしこの記事は、難波での大道敷設と判断するのが妥当と思われる。そうすると、第四章でみたように斉明朝の飛鳥で大土木工事が行なわれたこととの関連や、天智朝における近江遷都と関連させて考えるべきだろう。

推古朝以来、飛鳥の盆地部や周辺の丘陵地帯で、宮殿・寺院・貴族の邸宅の造営が相次いだ。とりわけ斉明朝には、石神遺跡の巨大な建物群、狂心《たぶれこころ》の渠《みぞ》や後《のちの》飛鳥岡本宮の東の山の石垣、酒船石遺跡の施設や飛鳥京跡の苑池が作られた。飛鳥周辺の山々から樹木を伐り出して、用いたと思われる。

そのため山々は荒廃して保水力に乏しくなり、雨が降れば雨水が一気に盆地部に流れ込むようになった。後のことになるが、天武五年(六七六)五月に、勅によって南淵山《みなぶち》と細川山での伐採を禁止したことは、それを示している。現在でも細川山に巨樹は見当たらない。細川谷古墳群を踏査すると、尾根筋の古墳はことごとく封土が流れ、横穴式石室の石組のみが露出している。

飛鳥以外からも、寺川や初瀬川の上流域などで樹木が伐採されて、飛鳥に運ばれただろう。そのほか土木用の石材を大量に必要とした。飛鳥の各遺跡では、石敷・石組溝・池の底石などに大量の川原石が用いられており、「石の都」といった印象を受ける。飛鳥川の石のみならず、寺川の石や、二上山《にじようさん》から切り出された石材も飛鳥に運ばれた。重量のある大量の材木や石材の運搬には、河川や運河を用いたり、陸路では橇《そり》のような修羅《しゆら》を利用して運んだと思われる。修羅を効率よく利用するには、曲がりくねった道ではなく、直線の道を必要とした。また近江遷都に際しては、飛鳥とその周辺地域に住む大半の多数の人々が移動したから、それにともなう膨大な量の物資を運搬する必要が生じたと思われる。

しかし、上ツ道・中ツ道・下ツ道の三道は等間隔(四里。二・一キロメートル)に、また真南北に方位を合わせて敷設されている。この事実は、右の理由のみでは十分に説明できない。きわめて計画的であり、政治的意図のもとに敷設されたと思わざるをえない。天智二年(六六三)

八月、倭国軍と百済復興軍は、唐・新羅の連合軍と白村江《はくすきのえ》で戦い大敗した。唐軍の倭国への侵攻が予想されたため、天智三・四年には西日本各地に山城や烽《とぶひ》を設置し、防衛体制を固めるとともに、情報連絡網を巡らせ、河内と大和の境に高安城を築いた。また飛鳥の東の向イ《むかい》遺跡(万葉文化館の東方の丘。同館への進入路敷設のため破壊された)や八釣《やつり》の丘陵で巨大な掘立柱の塀が検出されているが、これはこのときの飛鳥防御の施設かと思われる。また烽の機能もあわせ持っていたかもしれない。すると、上・中・下ツ道の三道は軍用道路として敷設された可能性もある。壬申の乱に際して吹負軍や近江朝廷軍が共に三道を進軍しているのは、そうした機能を示しているのではないか。

倉山田石川麻呂と山田寺

壬申の乱に先立つこと二十年、乙巳《いっし》の変以来の政治の激動のなかで犠牲となった敗者の一人に、ここで触れておきたい。

桜井市山田にある山田寺(浄土寺)は、蘇我倉山田《そがのくらやまだ》石川麻呂が発願して倉山田家の氏寺として建立した寺院である。四六頁の系図にみるように、蘇我大臣馬子の孫、倉麻呂の子である。石川麻呂の娘の越智《おちのいらつめ》娘は天智天皇の嬪《ひん》(妻)となり、太田皇女・鸕野《うの》皇女(後の持統天皇)・建《たける》皇子を儲けた。妹の姪《めいのいらつめ》娘も天智の嬪となり、御名部《みなべ》皇女(高市皇子の妻)と阿閉《あへ》皇女(後の元明天皇)を儲けている。石川麻呂は、乙巳の変後の孝徳朝に右大臣となったが、大化五年(六四九)に異母弟の日向《ひむか》に讒言され、造営半ばの山田寺で自ら縊《くび》れて果てた。山田寺は悲劇に彩られた寺である。

奈良文化財研究所の飛鳥資料館から東へ歩くと、ものの十分もあれば寺地に行き着く。小高い丘陵上に位置し、史跡整備がされている。山田寺跡に立つと、すぐ眼下で阿倍山田道は大きく屈曲しているのが目につく。眺望に優れ、飛鳥を一望できるとともに、磐余《いわれ》地域をも視野におさめうるから、飛鳥への入り口を押さえる軍事的要衝だった。蘇我氏の一族である倉山田家は、そうした地点に居宅を構え、氏寺を造営したのである。

山田寺については、舒明十三年(六四一)三月十五日の造営開始から天武十四年(六八五)三月二十五日に丈六の仏像に仏眼を点じるまでに至る、造営の経緯が『法王帝説』の裏書きに残されている。古代の寺院で造営期間の判明する事例は珍しい。石川麻呂の発願から伽藍の完成まで、四十五年を要しているのが注目される。

その経過をみると、二度の中断が目につく。まず、石川麻呂が横死した後、しばらく造営が途絶えていたが、天智二年(六六三)に塔の建設が始まったのは、天智天皇の嬪であった姪娘の助力があったのだろう。越智娘は父の石川麻呂が自尽した後、悲しみのあまり病死しているので、無関係だったと思われる。しかし心柱を立てたのは天武二年(六七三)。この間十年を要しているから、塔の建設は順調に進まなかったらしい。

天武朝になって造営が進捗したのは、石川麻呂の孫に当たる皇后鸕野の尽力によるものとみてよい。祖父石川麻呂への思いも偲ばれる。天武も大いに援助したことだろう。完成後の天武十四年八月十二日に山田寺に行幸しているのは、造営に天武が助力したことを物語る。

山田寺の発掘調査の最大の成果は、一九八二年に土石流で埋まった東面回廊が発見されたことだろう。回廊は、十一世紀前半に生じた土石流により、東から西に向かって倒壊していた。現存する最古の木造建物は、周知のように法隆寺の西院伽藍。しかし山田寺の造営経緯をみると、山田寺の方が三十年ほど古い。東面回廊はほぼ完全に残っていたので、より古い寺院建築の諸技術が解明された。

山田寺の塔は基壇の規模から五重塔と推定され、基壇中央の地下一メートルからみつかった心礎は、意外なことに一度作りかけたものを天地逆にして利用されたものだった。また金堂で検出された柱穴の位置から、山田寺金堂の外観は現在の法隆寺金堂のようなものではなく、玉虫厨子上部の宮殿に似たものと判断されたのである。金堂の前に礼拝石《らいはいせき》(二・四×一・二メートルの板石)が置かれていたのも珍しい。

大化五年三月二十五日、石川麻呂は仏殿の扉を開け放ち、「願わくは我、生生《よよ》世世《よよ》に、君王《きみ》を怨みじ」と誓い終わって自尽したという。金堂跡や礼拝石を目の当りにすると、石川麻呂一族の悲劇が偲ばれる。風光明媚な場所だけに、なおさら傷ましい。

創建時、講堂には本尊として薬師三尊像が安置されていた。この像は、その後、数奇な運命をたどることになる。文治三年(一一八七)三月九日、南都・興福寺の東金堂の僧たちが山田寺の薬師三尊像を奪い、東金堂の本尊として安置した。さらに時は巡って応永十八年(一四一一)、東金堂の火災で薬師三尊像も焼損、かろうじて本尊の仏頭だけが残った。後に再建された東金堂の本尊台座の内に、その仏頭は押し込められ、陽の目を見なくなった。そして一九三七年(昭和十二)、東金堂の解体修理に際して、建築史家の足立康らにより、本尊台座から仏頭が発見された。現在、興福寺の宝物館に展示されている有名な国宝、「興福寺仏頭」の由来譚である。

2　天武朝の新しい政治

飛鳥浄御原宮

壬申の乱が終結した後、九月に大海人皇子は美濃から伊勢・伊賀をへて飛鳥に戻り、嶋宮《しまのみや》に入った後、後飛鳥岡本宮に移った。そして後飛鳥岡本宮の南に新たに宮を造営し、冬になって移った。飛鳥浄御原宮《あすかきよみがはらのみや》である。翌年の天武二年(六七三)二月二十七日に、大海人皇子は飛鳥浄御原宮で即位した。天武天皇である。まず、飛鳥浄御原宮の宮号について考えてみたい。

飛鳥のこれまでの諸宮の宮号をみると、豊浦宮・小墾田宮・飛鳥岡本宮・田中宮・厩坂宮・百済大宮・後飛鳥岡本宮は、いずれも地名に基づく。飛鳥板蓋宮は第三章で述べたように板葺の屋根という建物の特色による。

異なるのは飛鳥浄御原宮である。右にみたいずれの宮号とも異なる。飛鳥京跡はもともと「真神原《まかみがはら》」と称された地であり、「浄御原」という地名は存在しない。天武紀十五年(六八六)七月二十日に、朱鳥《あかみとり》の年号を建て、宮を飛鳥浄御原宮と名付けたとみえる。それに先立つ五月二十四日、天武天皇は重態に陥った。天皇の病気平癒のために、宮中や川原寺で読経・斎会《さいえ》が行なわれ、全国的に租税の軽減や大赦が行なわれた。そうしたなかでの朱鳥年号の建元と宮号の命名である。「浄御原」は一種の嘉号であり、朱鳥年号とともに、不祥を祓い天皇の病気平癒を願ってのものであった。

また、一般的に宮号は、新しい宮地を選び、そこに壇を築いて天皇が即位した際に決定されるのが慣行である。「飛鳥浄御原宮」の場合、それが十五年近くと、いちじるしく遅れたのは、宮の構造や造営の事情に原因があるだろう。当初は後飛鳥岡本宮を踏襲したこと、また律令国家体制が整うにしたがい新たに官衙《かんが》(役所)が設置され、宮の構造が複雑かつ大規模となったことが挙げられる。

発掘調査によれば、飛鳥京跡の飛鳥浄御原宮の遺構は、斉明朝の後飛鳥岡本宮を内郭部分として継承するとともに、新たにエビノコ郭と呼ばれる東南郭と外郭が加えられたものである。天武紀に、後飛鳥岡本宮の南に新たに起こした宮に移ったとみえるのは、東南郭(エビノコ郭)に移ったことを指すかと思われる。しかし東南郭がわずか二〜三ヶ月で完成する筈はないから、冬に移ったというのは実際には造営の開始を示しているのだろう。天武朝には内郭部分にも改作が加えられたことが想像され、さらに東南郭・外郭が造営されたから、その完成には多年を要した。飛鳥浄御原宮がほぼ整ったのは天武七〜十年と思われる。

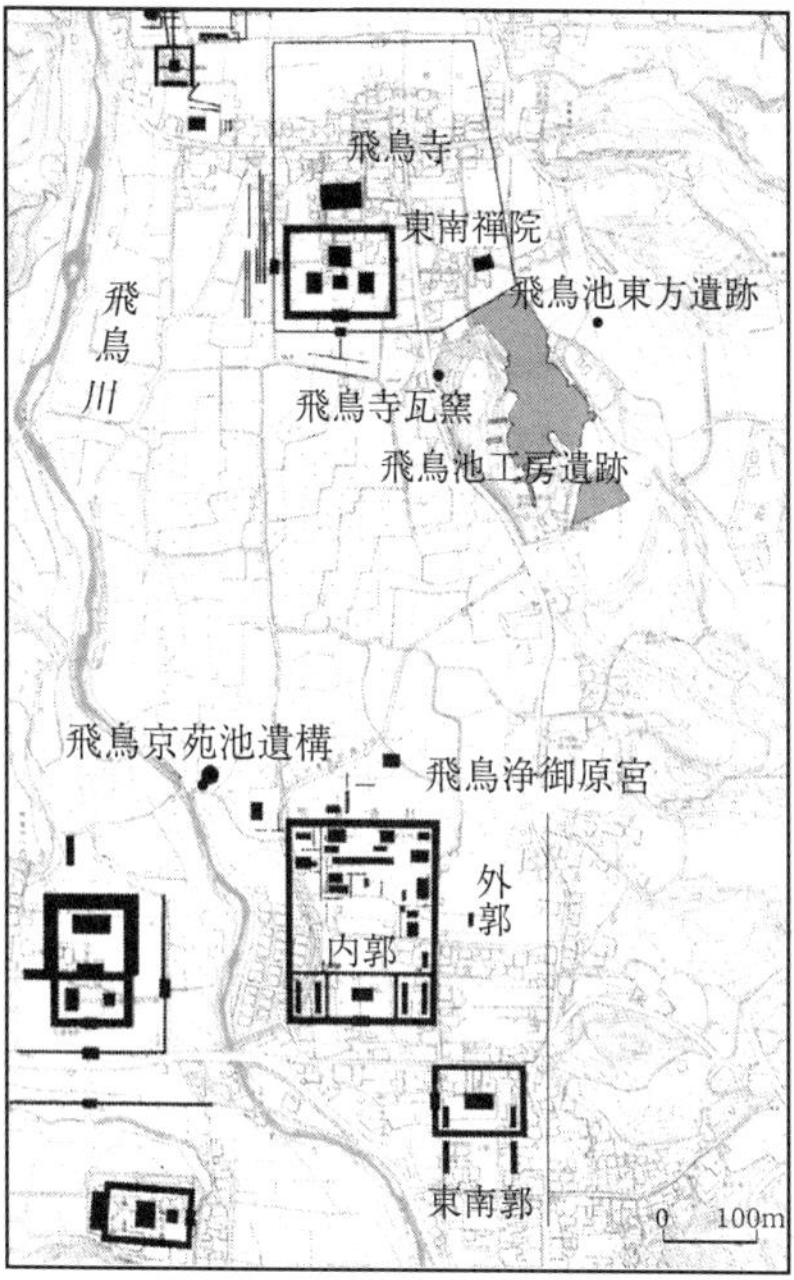

飛鳥浄御原宮と飛鳥京(『飛鳥・藤原京展』より)

調査によって飛鳥浄御原宮の外郭の東限は確定したが、北限はまだ判明していない。以下でふれる飛鳥京跡苑池の発掘調査結果をふまえると、飛鳥寺の近くに推定できる。南限は東南郭のやや南に位置する「犬ヶ瀬」とみてよい。明日香村岡と島庄《しまのしょう》との大字《おおあざ》界で、やや深い谷筋となっている。西は飛鳥川だろう。宮域は南北八〇〇メートル、東西五〇〇メートルくらいの範囲におさまる。

天武朝政治の特色

天武朝の政治体制は従来にないものであった。天武天皇が自ら政務をとる親政であり、皇后の鸕野皇女がそれを補佐し、後になると子の草壁皇子や大津皇子も政務に与るようになった。天武朝には左右大臣は任命されていない。そのこと自体、天武朝政治の特異性をよく示している。持統朝になると、高市皇子を太政大臣、丹比真人《たじひのまひと》嶋《しま》を右大臣、阿倍《あべの》(布勢)朝臣御主人《あそんみぬし》・大伴宿禰御行《おおとものすくねみゆき》らを大納言に任じていて、親政の色合いは薄くなった。

天武朝には律令国家体制が整備され、それは持統三年(六八九)六月に制定された飛鳥浄御原《あすかきよみがはら》令《りょう》に結実する。その一端として、地方行政組織についてみておく。

孝徳朝に全国的に「評《ひょう》」が立てられ、その長官には大化前代の国造《くにのみやつこ》をあてた。評では、五十戸を一つの行政単位として把握し、五十戸造《さとのみやつこ》を長官とした。これまでに出土した木簡から、斉明朝には「評―五十戸」の行政組織が成立していたとみてよい。現代人の感覚では、まずより大きな単位である「国」が設置され、その後に評が立てられたように思いがちであるが、そうではない。国は後になってから設置された。

第四章でも少しふれたが、二〇〇二年、石神遺跡から「乙丑《いっちゅう》年十二月三野国ム下評《むげのこおり》」(表)「大山五十戸《さとの》造《みやつこ》ム下《むげ》部知ツ《べのちつ》」(裏)と記した木簡が出土した。乙丑年は天智四年(六六五)にあたり、天智四年には、「国—評—五十戸」の地方行政組織がすでに成立していたことを示す。わが国最初の戸籍である庚午年籍《こうごねんじゃく》が全国的に作成されたのは、天智九年のことだったから、それに先立って国が成立したというのは納得の行くことである。

さらに後の藤原宮跡出土の木簡に、「癸未《きび》年七月三野大野評《おおののこおり》阿漏里《あろのさと》」と記すものがあるので(国を省略している)、癸未年(天武十二年)頃から「国—評—里」と称するようになったことがわかる。「五十戸」から「里」への変化は、用字の違いばかりではなく(ともに「サト」と読んだらしい)、支配の実態にも異同があったと思われるが、まだよくわかっていない。

天武五年頃から、『日本書紀』に「京」「京師」「畿内」の語がしばしばみえるのは、飛鳥における京域や四畿内(大和・河内・摂津・山背の四国)の画定が行なわれたということだろう。飛鳥とその周辺地域は浄御原宮の建設にともなって都市的景観を呈するようになり、倭京《やまとのみやこ》(飛鳥京《あすかのみやこ》)の概念が生まれていたことを示している。難波京《なにわのみやこ》に対して、こう呼ばれるようになったらしい。

天武天皇と道教的信仰

天武天皇は神マツリを重視し、個人的には仏教に深く帰依した。また道教的信仰にも心を寄せていた。以下、天武・持統朝の基調をなした宗教・思想についてみていきたい。

まず道教的信仰について簡単にふれておこう。道教は、神仙思想と呪術(道術・道士法)を基本とする。神仙思想は不老不死の仙人(僊人《せんにん》・神仙)になることを目指すもので、深山幽谷に入って修行を重ね、仙薬(仙人になるための薬)を服用することによってそれが可能だとされた。持統朝になると、吉野を神仙の住む神仙境とする観念が成立したが、その素地には天武の神仙思想への希求があったと思われる。

天武は亡くなった後に、天渟中原瀛真人天皇《あまのぬなはらのおきのまひとのすめらみこと》という、荘重な名(諡号《しごう》)を贈られた。和風諡号という。その諡号のなかに、「瀛真人」の語が含まれている。「瀛」とは先に少しふれたように、古代中国で山東半島の遥か彼方にあるとされた神仙の住む島、瀛洲《えいしゅう》をさす。「真人」は「真を修め、道を得た人」(『荘子』天下)、すなわち天地の道を得た人の意。だから天渟中原瀛真人とは、「天空の渟中原(ヒスイの色をした大海原)に浮かぶ瀛洲に住む道を得た人」を意味し、きわめて道教的な諡号である。天武十三年(六八四)十月に旧来の氏姓《うじかばね》制の改革として定められた八色《やくさ》の姓《かばね》の筆頭が「真人《まひと》」であったことが想起される。

天武天皇その人は、道術に深い関心を寄せていた。天文・遁甲《とんこう》(身を隠す術)をよくしたといわれ、また壬申の乱勃発に際し、蟄居していた吉野宮を脱出したその日の夜、隠《なばり》の横河(三重県名張市の名張川)で、大きな黒雲が天に立ち上がるのを見て自ら式占《しきせん》を行ない、天下両分の兆しであり自分が天下を得ると占った有名なエピソードがある。式占は正しくは栻占《ちょくせん》といい、十干・十二支・星宿を書いた天盤・地盤を回転させ、その組み合わせで占う。

天文とは、日月星宿の運行を観察して、天の意(天帝の意志)を予め察知するもの。天武四年正月に占星台が興されたのも(第四章参照)、天体を観測して暦を作ることに主眼はあるが、天意を事前に知る目的もあった。律令国家制度では、中務省《なかつかさ》の陰陽寮《おんみよう》に、天文博士・天文生、陰陽博士・陰陽生、暦博士・暦生がいて、天体観測や暦製作に従事したが、この天武紀の記述で、四年正月には陰陽寮がすでに設置されていたことが確認できる。

天武朝の神マツリ

次に天武朝政治の大きな特色として、それまで各地で祀られていた、天《あま》つ神《かみ》や国つ神(天神地祇という)の祭祀を、国家祭祀に組み込んだことがあげられる。その一つが伊勢神宮である。

伊勢神宮を、正式には神宮という。伊勢神宮とは内宮《ないくう》・外宮《げくう》のみのことではない。両宮に付属する別宮《べつぐう》・摂社・末社・所管社を合わせた一三二社の総称である。内宮の主祭神は天照大神で、七世紀後半には天皇家の祖先神（皇祖神）として位置づけられるようになった。記紀や『古語拾遺』に伝えるところでは、もともと大和王権の王が自分の住む殿舎内で祀っていたが、垂仁朝に至って伊勢で祀るようになったという。しかし現在では、伊勢で祀られるようになった時期は五世紀後半の雄略朝、あるいはそれより六〇年くだった六世紀前半と推定されている。大王の未婚の王女が斎王《いつきのひめみこ》として伊勢神宮に奉仕するようになった記録は、六世紀前半以降、推古朝に至るまで、ほぼ継続してみえるからである。

壬申の乱に際し、大海人皇子は吉野宮を脱出して伊勢に向かうが、六月二十六日の早朝、朝《あさ》明郡《けのこおり》の迹《と》太《お》川の辺で天照大神を望拝した。『釈日本紀』に引く「安《あ》斗智《とのち》徳《とこ》日記」にも、「二十六日辰の時、朝明郡迹《と》大《お》川の上において、天照大神を拝礼す」とみえるから、事実であったと認めてよい。戦勝を祈願したものと思われる。

壬申の乱での大詰め、近江の瀬田橋を挟む大海人皇子軍と近江朝廷軍との戦闘に際し、東南から（伊勢の方向から）大風が吹き、大海人皇子軍に有利に働いたらしい。「埃塵《ちり》、天に連なり」（天武紀）、「渡会《わたらい》の　斎《いつき》の宮ゆ　神風に　い吹き惑はし　天雲を　日の目も見せず　常闇《とこやみ》に覆《おほ》ひ給ひて」（『万葉集』巻二―一九九）の表現がみえる。時期からすると、台風の襲来だったかと思われるが、大海人皇子は天照大神の加護と信じたのだろう。壬申の乱が終わり、即位した直後の天武二年（六七三）四月、娘の大来《おおく》皇女を斎王に任命した。用明紀に、用明・崇峻・推古の三代に三十四年間にわたり日神に奉仕し、のち葛城に退いて亡くなったと酢香手姫《すかてひめ》皇女の記事があるが、それ以来の斎王の任命である。大来皇女は泊瀬《はつせ》斎宮に入って潔斎を重ね、翌三年十月、伊勢神宮に向かった。

古代の伊勢神宮は天皇個人の守護神という性格が著しい。皇后・皇太子といえども、大神に幣帛《へいはく》を捧げる(祈願する)場合は、奏上して許可を得る必要があった。天武天皇没後に起こった大津皇子の謀反事件では、斎王である姉の大来皇女のもとを密かに訪れた行為がこの規定に抵触するとみなされて、大和に戻ったところを逮捕されたのである。その一方で、天武朝に、伊勢神宮は天皇を守護する国家第一の神社とされ、国家により維持されることになった。その直接の契機となったのは、壬申の乱に際しての加護であり、また天武朝に天照大神を皇祖神とする神統譜の成立したことがあげられる。

祈年祭の成立

天武四年(六七五)二月に祈年祭《きねんさい》が開始された。仲春二月に(平安時代には二月四日)、天皇は宮中で御年《みとし》の皇神《すめかみ》(稲の稔りをつかさどる神)を始めとする神々にその年の豊作を祈り、神祇官(天武朝では神官)から全国の神社へ奉幣を行なった。律令国家の行なう祭祀では最大のものである。奉幣を受ける神社は神祇官の官帳に記載され、『延喜式』に神名帳としてみえている。

それでそれらの神社を延喜式内社、あるいは単に式内社という。

祈年祭の祝詞《のりと》は天武朝に成立したもので、その詞章のなかで天皇は「皇孫命《すめみまのみこと》」と称され、全国の諸社に祀られている神々の頂点に立つ存在であった。皇孫命という言葉はわかりにくいが、歴代の天皇は常に天照大神の孫と観念されていたのである。天照大神の孫とは、高天原から地上の葦原の中つ国に降臨したニニギノミコト。天武天皇は皇孫命との意識を強烈にもっていた。先に引いた大伴御行の歌で、天武が「大君は神にしませば」と歌われた背景には、壬申の乱に勝利して天皇親政を行なった事実とともに、天皇を皇孫命、すなわち神とする観念がある。

祈年祭祝詞には、御年の皇神を筆頭に、宮中で祀られる八神、伊勢神宮の天照大神、大和の六御県《むつのみあがた》の皇神、六所の山口神、四所の水分神《みくまり》がみえている。御年の皇神は、大和国葛上郡の葛木御歳《みとし》神社(御所市東持田に鎮座)の祭神で、渡来して葛城地域に住んだ人々が祀っていた神であった。

六御県、六所の山口神、四所の水分神も、奈良盆地やその周辺で祀られていた神々。大和の六御県は、四世紀代に大和王権が奈良盆地に設置した、いわば直轄地であった。飛鳥とその周辺地域は、高市御県や十市御県に含まれる。山口神は、青垣の山々から流れ下る川が奈良盆地へ注ぎ込む「山の口」で祀られる神。六ヶ所の山口神の内に、飛鳥山口神・畝火《うねび》山口神・耳無《みみなし》山口神がみえる。水分神は吉野・宇陀・都祁・葛木の分水嶺で祀られる神である。このように、もともと奈良盆地やその周辺地域に住む人たちが祀っていた、いわば地方神が、天武四年から始まった祈年祭では、国土全体の豊作を祈願する国家神に昇格されたのである。

同様のことは、天武四年四月および七月から始まった龍田風神祭や広瀬大忌《おおいみ》祭についても言える。龍田神・広瀬神は、奈良盆地に住む人々が風水害がなく豊作であるように祈願した神々だった。それが天武四年以降は、全国土に風水害による被害がなく、豊かな稲の稔りがあるように祈願する国家神となったのである。

天武・持統天皇と仏教信仰

天武天皇と持統天皇は仏教信仰にも厚かった。

天武についてみると、壬申の乱以前の天智十年(六七一)十月、病床の天智天皇から後事を託された際、天智の真意は大友皇子即位にあることを察知し、近江宮で髭と頭髪を剃り、袈裟を身に着け法体《ほったい》(僧侶の姿)となった。出家したのである。翌々日に天智に会い、吉野に行って仏道修行したい旨を伝え、許された。殺害される危機に直面しての行動だから、少し問題は残るが、日頃から仏教に関心をもっていたかと判断される。吉野宮に逃れてからも法体の姿だったのだろうか。史料にみえないが、髪を伸ばし俗人の姿に戻ったのではないか。少なくとも天武二年(六七三)二月の即位の際には、僧侶の姿ではなかったと思われる。

ほかに天武天皇の仏教信仰を示す事例として、飛鳥の諸寺への行幸があげられる。天武六年八月に飛鳥寺に行幸、寺の南門で三宝(仏)を拝礼し、皇子や諸王臣らに詔して、各々所縁の者一人を出家させることを認めた。天武十四年(六八五)五月にも飛鳥寺に行幸して、仏に珍宝を捧げている。十四年八月十二日に浄土寺(山田寺)に行幸、また翌日には川原寺に行幸して、稲を衆僧に施した。また天武が重態になった天武十五年六月、使者が飛鳥寺に遣わされ、僧正・僧都および衆僧らに病気平癒を祈らせるとともに、珍宝を三宝に奉った。またこの日、飛鳥寺と、四寺(大官大寺・飛鳥寺・川原寺・薬師寺か)の高位の僧たちに、自らの衣服と衾《ふすま》(夜具)を与えた。

本薬師寺をめぐって

これ以前、天武天皇は自ら誓願して薬師寺(本《もと》薬師寺)を建立している。天武九年十一月、皇后の鸕野皇女の病気平癒のため、薬師寺建立を誓願し、百人の僧を得度させた。皇后は平癒したと天武紀は伝える。こののち持統二年(六八八)正月、前々年に亡くなった天武の殯《もがり》の期間に、薬師寺で無遮《むしゃ》の大会《だいえ》(誰もが参加できる斎会)が行なわれ、同十一年七月には公卿百寮の人々が参加して薬師寺で仏眼会が設けられたから、金堂が完成したのだろう(以上は『日本書紀』による)。文武二年(六九八)十月、薬師寺の造営がほぼ終了し、衆僧を住まわせた(『続日本紀』)。

この薬師寺は、橿原市城殿《きどの》町の本薬師寺。近鉄橿原線の畝傍御陵前駅を降り、東へしばらく歩くと、本薬師寺跡がある。駅から一〇分ほど。金堂跡と水田のなかに東西の塔跡の基壇が残る。見事なまでに礎石が残っていて、訪ねて眼にすると感激する。古代の寺院跡で、これほど見事に礎石が残っている事例は、ほかに比蘇寺《ひそでら》跡(吉野郡大淀町比曽。世尊寺として法灯を伝えている)があるにすぎない。静かな田園地帯に位置する本薬師寺跡から眺めると、すぐ西に畝傍山が峙《そばだ》ち東方には香具山、背後には大和の青垣の山々が巡る。飛鳥でみる古代の寺跡とはまったく印象が異なる。

一方、よく知られているように奈良市西ノ京町に薬師寺があり、一九九八年に「古都奈良の文化財」八ヶ所の一つとして、世界遺産に指定された。金堂内には有名な国宝の薬師三尊像が安置され、東西に並ぶ塔のうち東塔は創建当時の姿をとどめている。養老三年(七一九)三月に、「始めて造薬師寺司に史生二人を置く」(『続日本紀』)とみえるので、この頃に伽藍《がらん》造営が開始されたとみられる。平城京右京六条二坊に位置していた。本薬師寺と西ノ京の薬師寺(紛らわしいので、以下、平城京薬師寺とする)は、その伽藍配置や規模が酷似しているため、明治以来、本薬師寺から建物・仏像を平城京薬師寺へ移したか、それとも平城京において新しく建物・仏像を造ったのか、諸説が唱えられてきた。いわゆる薬師寺論争である。現在では、建物移建・

本尊移坐《いざ》説と建物新建・本尊新鋳説が残り、対立している状況といえよう。国宝の薬師三尊像は、本尊移坐説に立てば白鳳仏、本尊新鋳説では天平仏となる。

本薬師寺の発掘調査は、一九七六年および一九九〇・九二年に行なわれ、画期的な成果が得られた。

その結果、本薬師寺の金堂・東塔・中門・回廊は平城京へ移建されることはなく、創建の地にとどまっていたことが明白となった。西塔についても、その可能性が大きい。なおここでは本尊移坐説・本尊新鋳説についてふれる余裕はないが、私は以前に、キトラ古墳・高松塚古墳の四神図(青龍・朱雀・白虎・玄武)、国宝薬師三尊像台座の四神図、正倉院宝物にみえる四神図を相互に比較・検討して、薬師三尊像は天平仏であると推定したことがある。

3 飛鳥京の二つの顔——工房と苑池

飛鳥池遺跡の発見

ここで、これまでとはまた別の面から、飛鳥浄御原宮の時代に光を当ててみよう。これまでにもふれた、飛鳥池遺跡および飛鳥京跡の苑池遺構の発掘調査に基づく発見の数々からみていきたい。この二つの遺跡の名称は少々まぎらわしいが、浄御原宮の東西両側にあって宮都飛鳥のそれぞれ別の側面をあらわしている(一七七頁の図参照)。

まず、飛鳥池遺跡は、飛鳥寺の寺域東南の谷あいから発見された、七世紀後半から八世紀初頭まで稼動していた官営工房の跡である。思いもよらない場所からの、それも大発見だった。工房から排出された廃棄物層(炭層)から、多種多様な遺物が多量に出土した。土嚢に入れて取り上げられた廃棄物層は、総数一〇万五〇〇〇袋にもおよぶ。それらを全て篩《ふるい》にかけて水洗いし、遺物を回収したと聞く。まことに徹底した調査であり、それが大発見に結びついた。飛鳥池遺跡から出土する土器群の年代からすると、斉明朝にはまだ稼動していなかった可能性が大きい。したがって飛鳥浄御原宮の時代から藤原京時代の半ばに及ぶ大官営工房だったとみてよい。

飛鳥池(明日香村飛鳥小字古池)というのは、近世に作られた溜め池の名である。一九九一年に飛鳥池を産業廃棄物で埋める計画が持ち上がり、発掘調査が実施された。その結果、七世紀後半に銅・鉄・漆・木・ガラスなどの製品を生産した大工房であることが判明した。その後、一九九六年に至って予定は変更され、飛鳥池を埋め立てて、その上に奈良県が「万葉ミュージアム」(仮称。その後、正式名称は奈良県立万葉文化館となった)を建設することになり、一九九七年から三ヶ年にわたる大規模な発掘調査が実施された結果、大規模な官営工房であることが判明したのである。

遺跡の広がりは、南北一三〇メートルにも及ぶ。南に八〇メートルほど離れた谷奥には、第四章で取り上げた、亀形石槽を中心とする湧水施設がある。藤原宮へ移る直前の飛鳥浄御原宮から見ると、丘陵越しに工房群から黒煙が立ち上り、風に乗って金属臭が漂ってきたことだろう。

遺跡は「人」字形に広がり、もっとも狭まった所にある三条の柵列で北地区と南地区に区分され、南地区は東と西の谷筋に分かれる。まず南地区の西の谷筋には、最奥部に金・銀を加工する工房やガラス工房があった。金銀工房跡では、金や銀を溶かした坩堝《るつぼ》が出土している。銀は国産品の可能性が大きいが、金は新羅や高句麗から将来されたものらしい。ガラス工房では、ガラスの原料である鉛の鉱石や石英、砲弾の形をしたガラス坩堝、ガラス小玉の鋳型、さまざまの色をした多量のガラス片がみつかった。また水晶や赤・黄色の琥珀《こはく》玉も出土しているので、宝玉類の生産を行なっていたとみられる。

富本銭の鋳造工房

東の谷筋の両岸には、銅・鉄の工房、わが国最古の銅銭である富本銭《ふほんせん》の鋳造工房があった。銅工房では、甑炉《こしきろ》・坩堝・鞴《ふいご》の羽口《はぐち》(送風口)や溶解銅の多量の細片、製作された仏像・人形《ひとがた》や種々の銅製品、銅の板金から切り出された飾り金具や銅の切り屑などが多量に出土している。

鉄工房では鍛冶を行なっていて、鞴の羽口や大量の鍛冶滓(金糞《かなくそ》)、釘・刀子などの鉄製品、「様《ためし》」、砥石などが出土した。「様」はいわば製品の注文サンプル。出土はきわめて珍しい。出土した釘の様は、製作してほしい鉄釘の大きさ・形を、木製品で示したもの。墨書があって、「舎人皇子□」(表)「百七十」(裏)と記す。舎人皇子の宮で使用するために注文した鉄釘百七十本のサンプルであることがよく分かる。

富本銭鋳造工房の発見は、まことに画期的なものだった。富本銭の未成品や鋳型、鋳造用の坩堝や羽口、溶けた銅を鋳型に導く鋳棹《いざお》、鋳棹から富本銭を打ち落とす際に出る鋳張《いば》り、仕上げ用の砥石などが出土している。

これまでわが国最古の銅銭は、和銅元年(七〇八)に発行された和同開珎《かいちん》と考えられてきたが、七世紀後半に飛鳥池遺跡で富本銭が鋳造されていたことが判明したのである。天武十二年(六八三)四月五日に、「今より以後、必ず銅銭を用いよ。銀銭を用いること莫《なか》れ」と詔《みことのり》が出されている。富本銭はこの詔に基づく銅銭である可能性が大きい。

詔にみえる銀銭とは、これまで畿内やその周辺地域の一六遺跡から出土している無文銀銭をさす。径三センチ、厚さ二ミリ前後の銀の円板に、銀片を貼り付け、重さを一〇グラム前後に統一したもの。すなわち銀そのものが地金としての価値をもち、等価の品物と交換できる。これを秤量《ひょうりょう》貨幣という。しかし銅の場合、地金としての価値は低い。それに律令国家の権威によって何倍もの価値をもたせたのが銅銭である。富本銭は後にみる新城《にいき》(藤原宮)の造営に、多数の人々を動員するために発行されたらしい。その流通範囲や使用時期の解明が今後の課題となる。

ゴミ穴から出た木簡

北地区は飛鳥寺の南面大垣に近く、南地区とは様相を異にする。掘立柱建物や塀が密集し、石敷の井戸二基や方形の石組池がある。石組池は深さ一・六メートル。南地区で生じた汚水を七段の水溜《みずため》で沈澱させ、その上澄みをさらに北地区の石組池に導き、再度沈澱させてから東の川に排水した。北地区の溝や土壙《どこう》(ゴミ捨て穴)からは、約八千点もの木簡が出土した。その内に第二章で言及した「天皇」木簡がある。これらの木簡は内容から、飛鳥寺や東南禅院に関わる木簡、宮廷儀式や地方支配に関わる木簡、工房に関わる木簡に大別できよう。すなわち飛鳥池遺跡は南地区に官営工房群が林立し、北地区には飛鳥寺関連施設があったと想定できる。

東南禅院についても簡略にふれておこう。東南禅院は、僧道昭が天智元年(六六二)に飛鳥寺の東南に建立した禅院。道昭は船史恵釈《ふねのふひとえさか》(恵尺)の子。恵釈は乙巳の変に際して、燃え盛る大臣蝦夷の邸内から「国記」を取り出し、中大兄皇子に献じた人物である。道昭は白雉四年(六五三)五月に遣唐留学僧として入唐、在唐中は玄奘三蔵に学び、斉明七年(六六一)に帰国して、わが国に法相宗を伝えた。飛鳥池遺跡の南地区で、東南禅院の創建瓦を焼成した瓦窯が検出された。操業年代は七世紀末と推定されている。

文武四年(七〇〇)三月、僧道昭は亡くなったが、師の玄奘三蔵に倣って火葬に付すことを遺言した(『続日本紀』)。それで弟子たちは、栗原《くりはら》(明日香村栗原)に火葬した。「粟原《おうばら》」とする写本もあるが、栗原とみてよいと思う。わが国火葬の始まりとされる。大宝二年(七〇二)十二月二十二日に亡くなった持統太上天皇は、翌三年十二月十七日に飛鳥岡で火葬に付され、二十六日に夫の天武の葬られている大内山陵《おおうちさんりょう》に合葬された。道昭に続く火葬の事例である。道昭に深く帰依していたのだろう。

水の都の発見——飛鳥京跡の苑池

飛鳥池工房の発見は驚くべきものだったが、飛鳥に埋もれていたのはそれだけではなかった。一九九九年六月、飛鳥京跡の調査で、飛鳥川右岸の川辺近くから、広大な苑池遺構が検出された。飛鳥浄御原宮遺構の内郭の北西に位置する所である。その後の調査で、苑池は東西八〇メートル、南北二〇〇メートルにも及ぶこと、池は斉明朝(七世紀中葉)に作られ、天武朝(七世紀後半)に整備されたことが判明している。十世紀に至るまで池は機能しており、完全に埋没したのは鎌倉時代だった。

飛鳥京跡に、それも飛鳥川沿いに、このような広大な苑池が広がっていたとは、私自身、想像だにしていなかった。

この時の調査は、大正五年(一九一六)発見の「出水《でみず》の酒船石」の出土地を確認するために実施された。同年、飛鳥川に近い大字岡小字「出水」から、飛鳥石で作られた奇妙な二つの石造物が出土、その構造が酒船石と類似していたので「出水の酒船石」、あるいは出土地の俗称にちなみ「ケチン田の酒船石」と呼ばれていた。しかし発見後まもなく運び出され、現在は京都市左京区の野村別邸に置かれている。容易に見学できないのは残念だが、飛鳥資料館の中庭にそのレプリカがある。

一九九九年の調査ではその二つの石造物の原位置が確かめられ、さらにそれに接して、新たに別の二つの、飛鳥石からなる石造物(立石と大きな石槽)が発見された。当初は四つの石造物が組み合わさっていたこともわかった。現在でも飛鳥に古代の石造物が埋もれている。誰もが予想だにしなかった発見である。何度も苑池遺構の発掘現場を訪ね、ワクワクしながら、発掘担当の卜部行弘氏や総指揮の河上邦彦氏から話をうかがったものである。新たに発見された二つの石造物は保存処理が施されて、現在は奈良県立橿原考古学研究所の入り口に移されているので、いつでも自由に見学できる。

池は渡り堤で南北の二区画に分かたれる。渡り堤の南側は、鑑賞用の苑池とそれに臨む施設から成る。島庄遺跡や石神遺跡・飛鳥池遺跡の方形池とは異なって、池は不整形。池底には平らで小さな石を敷きつめ、渡り堤近くにアメーバのような形の島がある。南端部には護岸石垣があり、新たに発見されたものを含む四つの石造物が置かれた。実験的に南側の鑑賞用の池に水が張られた。すると飛鳥京跡のこれまでのイメージは一変。南端部に立てば池の面に甘樫丘が映り、渡り堤からは南方を望むと池越しに橘寺の甍《いらか》がみえる。池底には平らで小さな石を敷きつめているので、池面に陽光がきらめく。石組の大溝が縦横に通じている飛鳥京跡で、新たに広大な池が加わった。飛鳥は「石の都」であり、また「水の都」でもあったのである。

飛鳥京苑池遺構，現地説明会の風景(橿原考古学研究所)(『飛鳥・藤原京展』より)

四つの石造物には、水を流すための孔や溝が穿たれ、導かれた水を立石から噴水のように水面に放水していたらしい。立石の穴を覗きこむと真っ直ぐではなく、緩やかな曲線を描いて貫通させている。水を垂れ流さない工夫らしい。周辺から柱穴が検出されているので、これらは建物内に設置されていたようだ。

渡り堤の北側は、北に細長く延びる長大な島状の出っ張りと(現在、柿畑となっている)、その東側と北側に巡る通水路から成る。西側は中世に起きた大洪水により、遺構面は残っていなかった。飛鳥京跡の各所から流入する水が、この通水路に注ぎ込んだと推測されている。

苑池は白錦後苑か

飛鳥京跡の苑池遺構は、後飛鳥岡本宮や飛鳥浄御原宮に付属する苑池であり、不整形の池が、新羅の都、慶州で検出された雁鴨池《がんおうち》(文武王の十四年(六七四年)に築造)や、近年発見された龍江洞遺跡の池に類似している点は興味深い。

この苑池については、天武紀十四年(六八五)にみえる白錦後苑《はくきんこうえん》のことだとする説が有力で、たしかにその可能性もある。ただ少し問題なのは、天武紀の「白錦後苑に幸《こう》す」という表現だろう。一般的には天皇が宮外へ出かけるときは「行幸」「幸す」、宮内は「御《ぎょ》す」と表現する。苑池の場所は浄御原宮跡の内郭北西隅のすぐ外側であるから、宮外とは考えにくい。なお最近、藤原京の調査で、左京七条一坊西南坪で検出された池状遺構から、「白錦殿作司□」と記す木簡が出土した。大宝元年(七〇一)・二年頃のもので、これも白錦後苑に関わるものだろう。ただしこの木簡からは、飛鳥からやや離れた所にあったような印象を受ける。

私はむしろ飛鳥京苑池は、持統紀五年(六九一)三月五日条に「天皇、公私の馬を御苑に観たまふ」とみえる、その御苑のことだろうと思う。

苑池出土の木簡を読む

苑池からは一三一点の木簡が出土した。大半は通水路から出土し、苑池の年代や性格に結びつくものがある。東野治之・鶴見泰寿の両氏と私が釈読に当たった。

年紀を記した木簡として、「丙寅年《へいいん》(天智五年)」「戊寅年《ぼいん》(天武七年)十二月」「丙戌年《へいじゅつ》(朱鳥元年)」「戊子年《ぼし》(持統二年)四月」と記されたものがあり、「五十戸」制(2節参照)に基づく記載も多い。この苑池が斉明朝に作られたことを裏づけ、またごく少数例を除けば全て飛鳥浄御原宮時代のものとみることができる。

木簡の内容は、(1)米に関わるもの、(2)薬に関わるもの、(3)酒造りに関わるもの、(4)苑池に関わるもの、(5)その他、に分類できる。(1)〜(4)はいずれも、大宝令制下の宮内省に所属する大炊《おおい》寮・典薬寮《てんやく》・造酒司・園池司に結びつく。とりわけ注目されるのは「嶋官《しまのつかさ》」と記した木簡。初めて出てきた官司名である。嶋(山斎)を中心とした苑池全体を管理する役所らしい。苑池とは、古代中国では皇帝の食事に、日本では天皇の食事に供される水草・蔬菜・果樹を栽培する池や園をさした。「苑」とは囲いのある園の意。

苑池から出土した種実・花粉・珪藻《けいそう》などの植物遺体の同定分析により、池にはハス・オニバスが植えられ、清流にしか育たないミズアオイが広がっていたことがわかった。またモモ・ナシ・ウメ・スモモなど、食用となる果樹の種実も出土している。果樹園があったようである。

(2)の薬に関わる木簡としては、治療法、薬物名、薬の処方箋を記すものがある。「西州續《せいしゅうぞく》命湯方《めいとうほう》」と記されたものは、西域から中国に伝わった中風を治す処方箋。麻黄《まおう》、石膏、当帰《とうき》、乾薑《かんきょう》、杏人《きょうにん》などの分量を記載している。

かつて藤原京跡出土の木簡を釈読していたときに、典薬寮に関わる木簡で「本草集注《ほんぞうしっちゅう》上巻」と記すものがあった。陶弘景《とうこうけい》(四五六〜五三六)の著わした『本草集注』が、典薬寮でテキストとして利用されていたことを示す。それを機に本草や漢方に興味をもつようになり、今日に至っている。「西州續命湯方」の出典についても、李時珍の『本草綱目』以下、手許にある本草書を博捜した。

私はいまだ従来通りの研究法、史料の一ページ一ページに眼を通してゆく方法をとっている。その作業を一週間ほど続け、ついに夜中の三時頃、孫思《そんし》邈《ばく》(?〜六八二)の『千金要方』に、「西州續命湯方」とほぼ同内容の処方を見つけたときは実に嬉しかった。

ここでは煩雑になるので省略するが、『千金要方』三十巻は唐の永徽年間(六五〇〜六五六)に成ったことが判明しているので、倭国にはいち早く将来されたことになる。おそらく遣唐使によって持ち帰られたとみてよい。天武四年(六七五)正月には、典薬寮の前身である外薬寮が成立していることとあわせて注目される。

木簡が語る壬申の乱

これまで飛鳥出土の木簡として、石神遺跡・飛鳥池遺跡・飛鳥京跡苑池のものを取り上げた。飛鳥京跡で出土した木簡のうち、壬申の乱にも関わりがあって興味深いものについて、簡単にふれておきたい。

一九八五年、明日香村岡の天理教大教会のすぐ西南で発掘調査(飛鳥京跡第一〇四次調査)が実施され、一〇八二点にも及ぶ木簡の削屑《さくせつ》(削り屑)が出土した。その内に「辛巳年《しんし》」と記したものが五点あった。これは天武十年(六八一)にあたる。この木簡によって飛鳥京跡の上層遺構が天武・持統朝の飛鳥浄御原宮であることが確定できた、まことに重要な発見であった。そのほか「□大津皇」(大津皇子)、「大友」(大友皇子)、「大来」(大来皇女)などの『日本書紀』でなじみの人名、「近淡」(近淡海国。近江国)、「伊勢国」などの国名を記すものがあって、いずれも壬申の乱に関わりのある名である。また人名には「阿直史 友足《あちきのふひとともたり》」や「□子首《こおびと》」などもあった。

天武十年という年を考えてみよう。天武紀によれば三月に、天皇は大極殿《だいごくでん》に御し、川嶋皇子・忍壁《おさかべ》皇子・広瀬王《ひろせのおおきみ》ら十二人に詔して、帝紀《ていき》(歴代の系譜)及び上古の諸事を記し定めることを命じた。天武朝に歴史書編纂の事業が行なわれたことを示す記事である。一般的には『日本書紀』編纂の開始とされているが、そうではない。このとき修史を命じられた者たちは、官歴の判明するかぎりでは、十一年三月から十四年九月までの間に他の官職に移っているからである。したがって天武十年三月から開始された修史事業は、ほぼ一年余り行なわれたにすぎない。

右の木簡は、天武十年に壬申の乱に関わる修史事業が行なわれていたことを物語る。阿直史友足は修史事業の実務に携わった一人とみてよい。これまでの史料にみえない人物である。編纂に加わった十二人の内に、忌部連子首《いんべのむらじこおびと》と平群臣子首《へぐりのおみこおびと》の名がみえるが、「□子首」の削屑は両者の内のどちらかに関わるものだろう。壬申の乱終焉後、わずか十年を経過したにすぎない時点で、壬申の乱に関わる修史事業が行なわれた背景の解明が、今後の重要な課題となる。

なおこの記事では、天武天皇は「大極殿に御して」川嶋皇子以下の人々に修史事業を命じたとしている。藤原宮の大極殿は発掘調査で検出されたが、飛鳥浄御原宮に大極殿が存在していたか否か、問題を残している。飛鳥浄御原宮の東南郭で検出された正殿は、東西棟の九間×四間の巨大な建物で大極殿相当のものであるが、すぐ南に「犬ヶ瀬」の谷筋があって、たとえば孝徳朝の難波宮と同規模の朝堂院を想定できないからである。

4　藤原京へ

天武天皇の死と大内陵

天武天皇は朱鳥元年(六八六)九月九日に亡くなった。その直後の十月二日に、天武の皇子たちの中でも実力者であり、文武両道にも優れていた大津皇子が謀反が発覚したとして逮捕され、翌三日に刑死するという事件がおきた。

天武の死後、ただちに殯宮《もがりのみや》が飛鳥浄御原宮の南庭に起こされ、遺骸を納めた柩が安置された。その日から種々の儀礼が殯の庭で開始され、持統二年(六八八)十一月にまで及ぶ。儀礼のなかで最も重要なのは、亡き人を偲ぶ言葉を述べることだった。それを誄《るい》(しのびごと)という。大王・天皇が亡くなった際の誄には、故人を偲ぶとともに、次の大王・天皇に服属することを誓う意味があった。

すると、大津皇子が亡き父の天武天皇に対して述べた誄の内容が、皇太子の草壁皇子を蔑ろにするものだったのではないだろうか。その直後、大津は飛鳥を離れ、伊勢神宮の斎王として奉仕していた姉の大来《おおく》皇女を訪ねる。前に述べたように私幣禁断を犯す行為であり、このこともまた罪とされた。そして大和に戻ってすぐに逮捕され、飛鳥から訳語田舎《おさだのいえ》へ連行されて刑死したと推測される。妃の山辺皇女《やまのへ》は殉死した。実子である草壁皇子のライバルを排除する、皇后の側による政治的な事件であった。

二年以上にわたる殯の儀礼の後、天武天皇は大内陵《おおうち》に葬られた。大内陵は十三世紀末には「青木御陵」と称され、その所在地も明確であったが、その後、いつしか不明となった。近世になって元禄十年(一六九七)、野口村(現・明日香村野口)の「皇《おう》(王)の墓」(現在の天武・持統陵)がそれであると決定されたが、幕末の文久二年(一八六二)に見瀬丸山《みせまるやま》古墳が大内陵であると変更された。一八八〇年(明治十三)に京都の高山寺に伝わった「阿不幾乃《あふきの》山陵記」が世にでて、翌年に改めて野口村の「皇の墓」が檜隈大内陵と決定され、現在に至っている。「阿不幾(青木)乃山陵記」とは、文暦二年(一二三五)三月、大内陵が盗掘された際に朝廷から派遣された実検使の記録。それによれば、壮麗な終末期の横口式石槨《せっかく》だった。

飛鳥の古墳を巡る

七世紀代は古墳時代の終末期に相当し、全国的にみても古墳は少ない。飛鳥とその周辺地域では、身分の高い者に限って築造され、石舞台古墳のように巨大な石を積み上げた横穴式石室《せきしつ》の系譜と、高松塚古墳を代表例とする、平らな底石の上に板石を組み合わせて作った横口式石槨の系譜に分かれる。代表的ないくつかを巡ってみたい。

横穴式石室の系譜を引くものに、都塚《みやこづか》古墳・植山古墳―石舞台古墳―金塚《かなづか》古墳(欽明陵の陪冢《ばいちょう》)―越岩屋山《こしのいわややま》古墳―菖蒲池《しょうぶいけ》古墳がある。この系譜の古墳は、七世紀中葉過ぎには築造されなくなった。

都塚古墳は坂田寺跡の東方にある。六世紀末か七世紀初頭に築造された。入り口から巨石を用いた横穴式石室の内部を見ることができる。

ほぼ同時期に築造された植山古墳(橿原市五条野町)は、「大野の岡」と称された広大な丘陵の南斜面に位置する。二〇〇〇年の発掘調査で、一つの墳丘に二基の横穴式石室をもつ「双室《そうしつ》墳・双室墓」であることが判明した。東石室には家形石棺を置く。最初に見学した際、その赤褐色を帯びた石棺には驚いた。西石室は玄門の床面に閾《しきみ》石を置き、石の扉を開閉する仕組みとなっていて、きわめて珍しいもの。扉石は残っていなかったが、後日、近くの春日神社と素戔《すさの》烏命《おのみこと》神社・八《や》咫烏《たがらす》神社にその一部分のあることがわかった。推古紀には、推古天皇が子の竹田皇子の墓に合葬するよう遺言したとある。竹田皇子の没年は不明だが、推古朝の初期らしい。また『古事記』では、推古の山陵は「大野の岡の上」にあったが、「後に科《し》長《なが》(磯長)の大陵(磯長山田陵)」に移したと記す。こうしたことを踏まえると、東石室に竹田皇子を、西石室に推古天皇を葬ったが、後に推古は河内の磯長に改葬されたと推測できる。植山古墳は国の史跡に指定され、目下、整備計画が進行中である。

同じく橿原市五条野町の菖蒲池古墳は玄室しか残っていないが、壁石の間に漆喰を充填し、二基の家形石棺があり、石棺内に乾漆を貼る珍しいものである。石舞台古墳については、第三章で蘇我大臣馬子の桃原の墓であることを述べた。

四体の猿石

元禄十五年(一七〇二)、梅山《うめやま》古墳(欽明天皇陵)南側の小字《こあざ》「池田」から、「猿石」四体が出土した。江戸時代には梅山古墳の南側のくびれ部に置かれていたが、明治初年に梅山古墳西側の現在地に移された。「女」「山王権現」「僧」「男」と呼ばれている。飛鳥の数ある謎の石造物のなかでも、酒船石や亀石と共に最もポピュラーなものだろう。高取城跡にもやはり猿石と呼ばれる同様の石造物がある。

一九九八年に行なわれた保存処理作業に際し、猿石四体はいったん掘り起こされた。私も調査委員に加えていただいたので、実見する機会に恵まれた。「僧」の基部に円柱状のホゾが造り出されていたのは、予想外だった。もともと台座にもホゾ穴があって、「僧」を回転させたらしい。「僧」とされてきたが、力士を表わしたとみるべきものである。「女」は全体に薄くベンガラらしきものが塗られていた。これまた猿石のイメージを覆すものだろう。

猿石の年代についてはまだ定説はない。しかし飛鳥石に前後二体の人物・動物などを刻むという点では、石神遺跡の道祖神像と共通し、丸彫りの技法も似ている。斉明朝の石造物とみてよいのではないだろうか。橘寺の二面石も共通した特色をもつ。この二面石は幕末頃に現在地に運ばれたものらしく、出土したのはやはり小字「池田」であろうと推定されている。高取町の光永寺にある顔石(人頭石)も、かつて小字「池田」から出土したものらしい。

小字「池田」の南側からは、平田キタガワ遺跡が発見されている。まだその一部分が判明したにすぎないが、広い苑池遺構らしい。紀路《きじ》を通って飛鳥に入る玄関口にあたり、衢《ちまた》(辻)を形成しているところである。石神遺跡同様、斉明朝の迎賓館であった可能性もあり、そうだとすると猿石・二面石・顔石は苑池に配置されていたのでは、と思う。

古墳と被葬者

横口式石槨の系譜は、七世紀の第Ⅱ四半期から平城遷都直前にまでおよぶ。考古学研究者から得た知識に基づいて述べると、おおよその年代順は、寺崎白壁塚古墳(高取町寺崎)―鬼の俎《まないた》・厠《せっちん》―牽牛子塚《けんごしづか》古墳―天武・持統陵―束明神《つかみようじん》古墳―マルコ山古墳―キトラ古墳―高松塚古墳―中尾山古墳となるようである。

また、この系譜には入れていないが、日本最大の石造物である益田《ますだ》岩船《いわふね》(橿原市南妙法町に所在)も横口式石槨。北側に横倒しすれば、牽牛子塚古墳と同構造になり、鬼の俎・厠とともに、飛鳥石を用いたまことに巨大な横口式石槨で、ほぼ同年代だろう。この二例を除く横口式は、いずれも二上山から切り出された凝灰岩を用いている。

高取町佐田にある束明神古墳は、持統三年四月に亡くなった草壁皇子の墓である。現在、草壁皇子の墓とされているのは「岡宮天皇の真弓丘陵《まゆみのおか》」であり、高取町森の鎮守に接してあるのだが、これは幕末に決定されたもので、根拠に乏しい。発掘調査の成果からみると、束明神古墳とみて間違いない。地元の大字森に住む者とすれば残念なことであるが。同じく現在の文武天皇陵は、一八八一年(明治十四)に決定されたもので、中尾山古墳が真の文武陵である。

四神《ししん》図や世界でも希有な天文図を描いた壁画で名高いキトラ古墳の被葬者については諸説があり、慶雲二年(七〇五)に亡くなった忍壁親王、明日香村阿部山にあることから文武朝の右大臣であった布勢《ふせ》(阿倍)朝臣御主人《みぬし》、また亡命百済王族の百済王善光とする説があり、私自身は倭漢《やまとのあや》氏と結びつけて考えている。

高松塚古墳では、日月像・四神図・男女群像・星宿図を描いた壁画が一九七二年に発見され、全国的な大ニュースとなった。ひいては現在の飛鳥保存につながる発見であったと言えよう。ただその年代については、考古学研究者の間で、現在も八世紀初頭前後とする説と平城遷都後とする説が対立している。そのため被葬者像についても年代の幅があるが、やはり直木孝次郎氏の忍壁親王とする説が最も有力だろう。岡本健一氏の主張される左大臣石上《いそのかみ》朝臣麻呂説も魅力的である。『竹取物語』に「かぐや姫」に求愛した五人の貴公子の一人として出てくる人物。平城遷都後の霊亀三年（七一七）に亡くなった。私は、従来指摘されることのなかった葛野《かどの》王も、候補者の一人とみてよいのでは、と指摘したことがある。葛野王は、近江朝廷を代表した大友皇子と、天武の長女であった十市《とおち》皇女（母は額田王）の間に生まれた。慶雲二年（七〇五）に亡くなっている。

藤原京の造営

天武天皇没後の飛鳥京に戻ろう。没後三年余を経て、皇后、鸕野《うの》皇女が即位した。持統天皇である。この年を持統四年（六九〇）とする。本来、草壁皇子が即位することに決定しており、皇子尊《みこのみこと》との尊称も受けていたのだが、病弱だったのだろう、持統三年四月に亡くなっている。皇位継承者は、舎人《とねり》・長《なが》・穂積《ほづみ》皇子の順。いずれもまだ幼かったから、持統の即位の運びとなったと推測される。

この年七月、高市《たけち》皇子が太政大臣に任命されている。天武の十人の皇子の長兄であったが、母の身分が低かったため、皇位継承順位は第八位だった人物である。しかし壬申の乱での英雄であり、その声望は高かったに違いない。高市皇子は後皇子尊《のちのみこのみこと》と称されるようになるから、あるいは即位が予定されていた可能性もあるが、六年後に亡くなっている。

高市の任命の直後から、藤原宮および藤原京の造営が開始された。『日本書紀』には持統四年十月に高市皇子が宮地を検分するのに始まり、八年十二月に藤原宮に移るまでの記事がある。注目されるのは六年正月の「天皇、新益京《しんやくのみやこ》の路をみる」という記載である。新益京は古訓では「アラマシノミヤコ」とみえる。飛鳥のミヤコ(京)とは別に、「新たに作られた広大なミヤコ」の意だろう。飛鳥のミヤコを新しく拡張・拡大したのではない。以下では藤原京・大藤原京の語を用いるが、「藤原京」は近代の用語で、持統朝には新益京と称されていたのである。

近年の調査で、藤原宮内の下層から京域を碁盤の目のように区画する条坊道路が検出された。出土した木簡や土器などから、それらの条坊道路は天武十三年に敷設されていることがわかった。天武紀十三年三月の、天武が京師を巡行して宮室の地を定めたという記事に合致する。

下ツ道の西側の四条遺跡(橿原市四条町。奈良県立医科大学のグランドの地)で、天武朝の初期に五世紀後半の方形墳(四条一号墳)が削り取られていることが判明した。藤原京造営の意図が天武に始まることを示すだろう。持統は即位に際して藤原京造営を受け継ぐことを決意したかと思われる。

大藤原京の構想をめぐって

岸俊男先生は、先に述べた大和の古道に基づいて、藤原京の京域が画定されたとする画期的

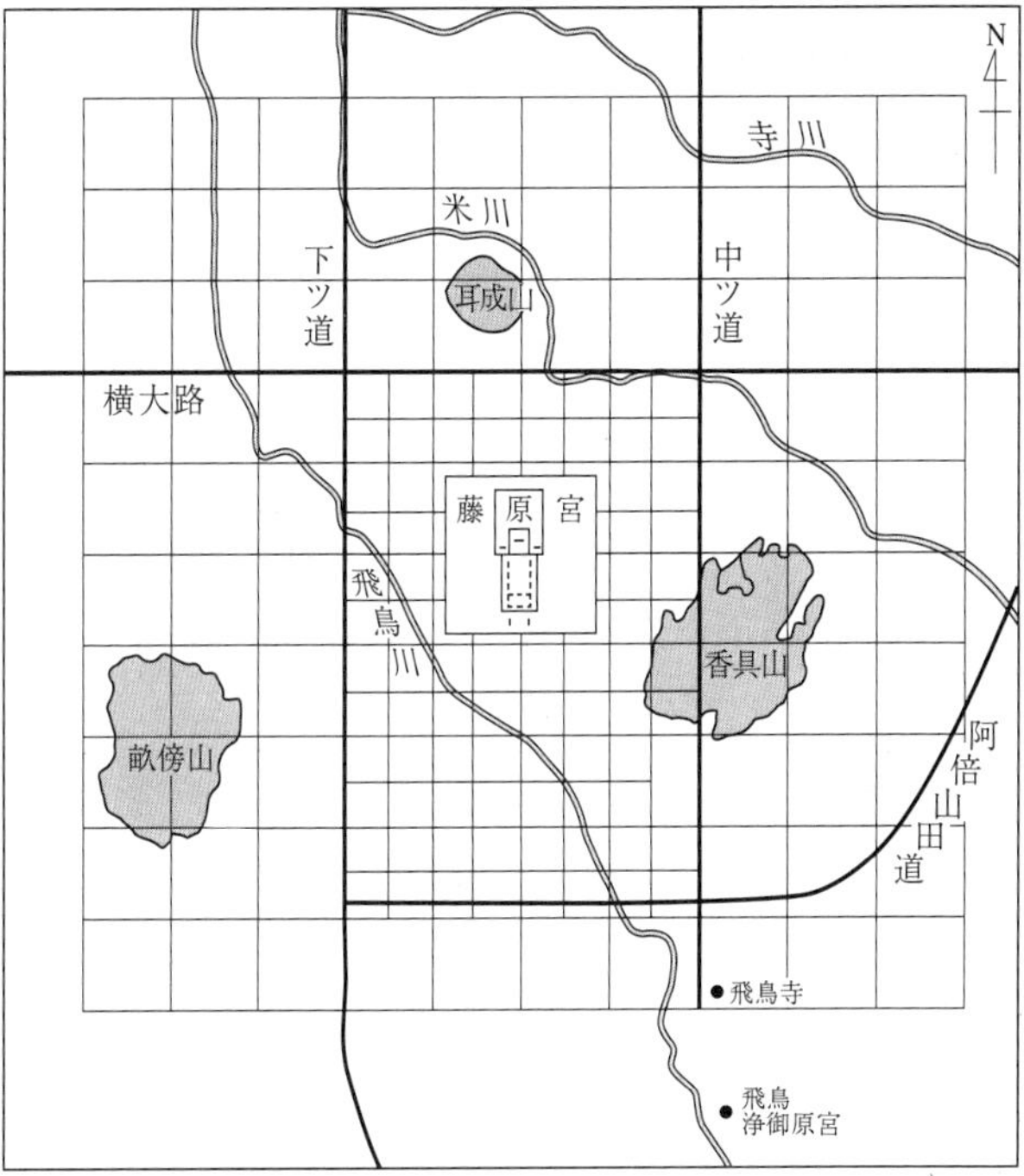

大藤原京と飛鳥(小澤毅・中村太一氏の説による)

な説を提唱された。岸説藤原京である。藤原京の東京極大路を中ツ道、西京極大路を下ツ道、北京極大路を横大路、南京極大路を阿倍山田道とする説で、長らく定説となっていた。

その後、岸説藤原京の外側から、京内と同様の条坊道路が発見され、現在では図に示したような大藤原京説が支持されるに至っている。大和三山をも含み込んだ、平城京にも匹敵する広大な京域である。平城遷都直前には大藤原京の京域が成立していたことは動かない。しかしその京域が藤原京の初期段階ですでに存在したのか、南の丘陵地帯や香具山周辺にも条坊制が施行されていたのか、こうした検討課題が残されている。

藤原宮・藤原京の位置や範囲については長年の論争があり、またこれまでの発掘成果についてもふれる必要がある。ここではその余裕がない。最近、刊行された木下正史氏の『藤原京』(中公新書)で詳論されているので、関心のある読者は参照していただきたい。

亀石の歴史的背景

最後に藤原京造営に関わって、亀石について簡単にふれておきたい。

亀石は明日香村川原小字「亀石」、近世の道沿いにあって、飛鳥の謎の石造物の一つとして人気がある。長辺四・五三メートル、短辺二・七七メートル、高さ二メートルをこえる巨大な飛鳥石の西南に向いた顔面には目と口を、また顔の脇に前肢を彫り出してある。尻部には、ごく一部ではあるが甲羅が彫られているから、亀を立体的に造形した石造物とみてよい。

永久四年(一一一六)の史料に、亀石は「字亀石垣内」にあるとしており、当時すでに「亀石」と称され、川原寺の寺領の西南隅を示す牓示石《ぼうじ》(標石)とされていたことがわかる。しかし七世紀後半に川原寺の寺域が亀石付近にまで及んでいたとは想定しにくい。亀石の用途については別に考える必要がある。

亀石(明日香村教育委員会)

亀石は、古代の「飛鳥横大路」の南縁に位置する。飛鳥横大路は、川原寺の南門と橘寺の北門との間を東西に走る飛鳥の幹線道路で、おそらく見瀬丸山古墳の南方域にまで達していた。また亀石のすぐ西側に巨大な石仏(室町時代のものか)があって、その西側の細い南北道は中世の道で、古代にも同様の道があったと推定できる。この道と飛鳥横大路とが交わる衢《ちまた》に亀石が置かれていたことになる。以下、「亀石のチマタ」と仮称したい。川原寺の創建は天智朝だから、亀石は天智朝以降に、それも藤原宮へ移るまでの間に、製作された石造物である可能性が大きい。
亀石は飛鳥横大路と南北道が交わる亀石のチマタに置かれていた。したがって亀石は、邪霊の侵入を防ぐ塞《さえ》の神としてチマタに置かれた石造物と判断できる。紀路をへて、南西方向から飛鳥に侵入する邪悪な神や精霊を、まず平田キタガワ遺跡(檜隈坂合《さかあい》のチマタ)で防ぎ、さらに飛鳥の中心部に侵入してきた場合には、亀石のチマタで防ぐ、そうした祭祀構造だったと考えられる。亀石が南西方向に向いているのも、そうしたことと関わりがあるのではないだろうか。

亀石に関連して、『万葉集』の「藤原宮の役民《えだちのたみ》の作る歌」(巻一－五〇)に、「…寄《よ》し巨勢路《こせじ》よりわが国は　常世《とこよ》にならむ　図負《ふみ》へる　神《あや》しき亀…」と歌われていることに注意しておきたい。巨勢路とは紀路、あるいはより限定して巨勢谷(御所《ごせ》市古瀬付近)を通る紀路をさす。『日本書紀』には、天武朝末年あるいは持統朝の藤原京造営期に、そのような神亀が貢上された記事はみえない。しかし祥瑞としての亀は、天智紀にみえるから、おそらく巨勢路を経由して神亀が貢上された事実があったのだろう。それを契機として亀石が造られ、亀石のチマタに据えられた可能性が残る。

第六章　故郷〝飛鳥〟

飛鳥の神奈備山，ミハ山．1970年代初頭の風景

飛鳥から宮滝へ歩く

持統八年(六九四)十二月、持統天皇は群臣と共に飛鳥浄御原宮から藤原宮へ移った。志貴《しき》皇子の明日香風の歌にみるように(「はじめに」参照)、飛鳥は徐々に寂れていったらしい。しかし飛鳥とその周辺地域にはなお数多くの寺院が残っていた。

飛鳥寺・川原寺・大官大寺などの官寺、飛鳥寺・川原寺と関わり深い豊浦尼寺・橘尼寺、各氏族の氏寺として、山田寺・小墾田寺(奥山久米寺)・葛城寺・坂田尼寺・立部寺《たちべでら》(定林寺)・檜隈寺・栗原寺なども残っていた。それぞれの寺院での仏事に際しては、かなりの賑わいがあったろう。大宝三年(七〇三)正月には、亡くなった持統太上天皇のために、大安寺(大官大寺)・本薬師寺・飛鳥寺・川原寺で斎会《さいえ》が行なわれている。また飛鳥池の官営工房も、八世紀初頭前後までは稼動していた。

持統天皇は、持統三年(六八九)正月から退位後の大宝元年六月まで、十二年の間に三十二回にもわたって吉野宮(吉野町宮滝)に行幸している。その際には飛鳥を通った。飛鳥川を遡って各所でミソギを重ね、芋峠《いもとうげ》を越え、妹山《いもやま》(吉野郡吉野町河原屋)の麓から吉野川沿いを上流へたどっていく。行幸に際しては、多数の男女の官人達が従駕したから、そのつど飛鳥は一時にぎわっただろう。

私も飛鳥から稲淵・栢森《かやのもり》をへて、芋峠を越え、宮滝まで、これまで何度歩いたことだろう。石舞台古墳からだと、途中の休息時間を含んで約六時間ほど。さすがに最近は車に乗せてもらって越える。芋峠から吉野側に少し下りた辺りからの眺望が素晴らしい。初春の頃には、山上《さんじょう》ヶ岳(大峯山)・弥山《みせん》・釈迦ヶ岳・大台ヶ原山など、吉野の名だたる山々の残雪が陽光に輝く。近年、木々がこ高くなって、やや眺望に難がある。

宮滝遺跡については第四章で簡単にふれた。しかし、なぜ宮滝に吉野宮が造営されたのだろうか。吉野川に臨む景勝の地であることは言うまでもない。しかしより重要なのは、吉野の水分《みくまり》山(現在の青根《あおね》ヶ峯)に対する信仰が背景にあったことである。天武朝に開始された祈年祭《きねんさい》の祝詞《のりと》に、四所水分神の一つとして吉野水分神がみえていた。現在、子守《こもり》明神として知られる吉野水分神社は、吉野山の蔵王堂から尾根筋を登り、吉野山屈指の桜の名所(もちろん全て山桜)、花矢倉《はなやぐら》を上った所に鎮座する。本居宣長ゆかりの神社でもある。

近世以前の吉野水分神社は、青根ヶ峯から北へ下った「ヒロノ」に鎮座していた。青根ヶ峯は青く美しい神秘的な山。円錐形をしており、遠くから見るといつも青く鎮もる。吉野川沿いでこの青根ヶ峯を遠望できる場所はただ一ヶ所、それが宮滝なのである。だからこそ斉明朝に吉野宮がここに造営された。宮滝集落の北側、斉明朝の吉野宮の遺構が見つかった場所のすぐ近くに吉野歴史資料館がある。資料館から見る青根ヶ峯は美しい。

持統天皇も小舟で吉野川を渡り、「ヒロノ」の地に赴いたことだろう。吉野や奈良盆地のみならず、全国土の風雨が順調で、稲が豊かに稔るように祈願したかと思われる。

平城京へ

藤原京はわずか十六年間の短命の都だった。慶雲四年(七〇七)二月に、文武天皇は五位以上の王臣に遷都のことを討議させている。その年六月に文武はわずか二十五歳で亡くなり、母親の阿閉《あへ》皇女が即位した。元明《げんめい》天皇(七〇七〜七一五)である。翌和銅元年二月、平城遷都の詔《みことのり》が出され、同年九月以降に元明は平城へ巡行し、造平城京司《ぞうへいじょうきょうし》を任命した。十二月には平城宮の地を鎮祭、急ピッチで平城京と平城宮の造営が進められた。藤原京が首都として機能した時期はさらに短い。

大藤原京の京域は、平城京のそれにほぼ等しい。それなのになぜ平城遷都が行なわれたのだろうか。藤原京が手狭になったから、とは言えない。実は藤原京の内では、藤原宮の場所が最も標高の低い所であった。汚水が集まりやすい。慶雲三年三月に出された詔には、「京城内外に穢臭《えしゅう》多し」の言葉がみえる。また藤原宮は低い所にあったから、例えば香具山山麓の高燥地に立つ建物からだと、宮内が見下ろされることになった。

さらに、水運に恵まれていなかったことが決定的だったと思う。京内を流れる飛鳥川は、夏・冬の渇水期には極端に水量が乏しい。そのため六世紀以来、平城遷都に至るまで、初瀬川(大和川本流)に臨む海石榴市《つばいち》の河港が利用されていた。飛鳥諸宮の段階では、海石榴市の河港でも十分に機能した。しかし大藤原京となり、京内に住む人口が増え、集散する物資の量も増大すると、対応できなくなったと思われる。わが国最初の条坊制に基づく藤原京が短命に終わったのは、以上のような理由からである。

平城遷都後は、以前にもまして飛鳥は寂れた。飛鳥に残っていた寺院も、平城京に新たな寺院を建立して、寺籍を移す事例が多くなった。飛鳥寺・大官大寺・本薬師寺・小墾田寺・紀寺《きでら》(小山廃寺)・葛城寺などである。飛鳥寺は平城京の元興寺に、大官大寺は平城京の大安寺に、本薬師寺は平城京薬師寺に移った。小墾田寺・紀寺・葛城寺は、平城京内に同名の寺院が建てられた。飛鳥には、飛鳥寺は本元興寺《もと》として、また本薬師寺はそのまま残るが、衰勢は否めない。飛鳥とその周辺地域にあった大寺院で寺籍を移さなかったのは、川原寺や山田寺くらいであった。

八世紀初頭頃になると逆に、飛鳥の岡寺山の中腹に龍蓋寺《りゅうがい》(岡寺)が山岳寺院として創建された。義淵僧正の開基と伝え、正倉院文書によれば種々の経典を所蔵していた。

淳仁朝の小治田宮

淳仁《じゅんにん》天皇(七五八〜七六四)は一時期、飛鳥の小治田宮(もとの小墾田宮)に滞在し、飛鳥は再び国政の中心となって賑わいを取り戻した。政治史の上でもこの滞在は注目される。淳仁天皇はもと大炊《おおい》王といい、舎人親王の第七子。天武天皇の孫にあたる。藤原朝臣仲麻呂(恵美押勝《えみのおしかつ》)の支持により天平宝字二年(七五八)八月、女帝・孝謙天皇の譲位を受けて即位した。

天平宝字四年(七六〇)八月十八日、淳仁天皇は飛鳥の小治田宮に行幸し、その年の全国の調庸を収納させた。十四日には、播磨・備前・備中・讃岐国の糒《ほしいい》を小治田宮に貯えさせているから、小治田宮での長期の逗留が予定されていたらしい。小治田宮滞在は約五ヶ月に及び、翌五年正月十一日に平城宮へ還幸している。

その月の『続日本紀』に、「新宮、未だ就《な》らず」とあり、また十月には詔に、「平城宮を改め作らんが為に、しばらく移って近江国保良《ほら》宮に御す」とみえるから、この前後の時期に平城宮が改作されていたため、飛鳥の小治田宮や近江の保良宮への行幸があったものと推測される。

一九八七年に奈良末〜平安初め頃の井戸から、「小治田宮」と記す墨書土器一一点が発見された雷丘東方遺跡では、また大規模な建物や倉庫跡も検出されており、淳仁・称徳朝の小治田宮が雷丘の東方一帯に所在したことは確実である。

称徳天皇、飛鳥を巡歴する

天平宝字八年(七六四)九月、藤原朝臣仲麻呂は反乱を起こしたが、近江で敗死した。淳仁天皇は廃され、孝謙上皇が重祚《ちょうそ》した。称徳《しょうとく》天皇(七六四〜七七〇)である。翌天平神護元年十月十三日、称徳は、紀《き》伊国への行幸に出立し、この日、大和国高市郡の小治田宮に至っている。翌十四日には、大原・長岡を巡歴してまた小治田宮に戻った。すでにふれたように大原は明日香村小原で、中臣(藤原)氏ゆかりの地だった。中臣鎌足の子不比等《ふひと》は称徳の祖父にあたるから、不比等の故郷であった大原を訪ねたのではないだろうか。

山部宿禰《すくね》赤人、故太政大臣藤原家の山池《しま》を詠ふ歌一首
古《いにしへ》のふるき堤は年深み池のなぎさに水草生《みくさお》ひにけり
(『万葉集』巻三―三七八)

「故太政大臣」とは、養老四年(七二〇)八月に亡くなった藤原不比等。ここで歌われている山池は、大原に残されていた藤原氏ゆかりの苑池の可能性がある。平城京の不比等の邸宅は娘の光明子(光明皇后)が受け継ぎ、後に法華寺とされたから、それではないだろう。山部赤人は以前、聖武天皇の吉野宮行幸に従い、その途次、飛鳥の神奈備山(ミハ山)に登って「明日香の旧《ふる》き都」を歌っているから(巻三―三二四・三二五)、その折に右の歌を作ったかもしれない。そ

れより少し時代は下るが、称徳もまた大原を訪れ、まだ残っていた不比等旧宅の山池を見たかと思われる。

また長岡は飛鳥岡を指すとみてよい。称徳の父方の曾祖父にあたる草壁皇子は、天平宝字二年(七五八)に岡宮御宇天皇《おかのみやにあめのしたしろしめししすめらみこと》と追尊されたが、この「岡」も飛鳥岡に由来する。草壁皇子は飛鳥岡のもとにあった嶋宮に住み、日《ひ》並知《なみし》皇子の呼称が示すように、天武天皇と並んで天下を治めた。後代の史料ではあるが、『本朝皇胤紹運録《ほんちょうこういんしょううんろく》』に追号を「長岡天皇」とする。

嶋宮には、苑池のほかに御田《みた》や奴婢が付属していた。正倉院文書に嶋宮の奴婢に関わるものが散見するので、天平勝宝二年(七五〇)頃まで嶋宮は機能していたらしい。称徳が長岡を訪れた際にはすでに廃絶していたようだから、目にしたのは酒船石遺跡の湧水施設だったかもしれない。小判形石造物の周囲に敷きつめられたバラス層から、平安時代の黒色土器片や、貞観元年(八五九)に初鋳された皇朝十二銭(奈良・平安期に日本で鋳造された貨幣)の一つ、饒益神宝《にょうえきしんぼう》一点が出土している。湧水施設は九世紀中頃まで機能していたから、称徳天皇の目にふれたことがあったのではないか。

明日香川に臨む女帝

大原・長岡を巡歴した後、称徳は明日香川に臨んでいる。飛鳥川の流れを、ただ眺めたのではないだろう。小治田宮近くでも、飛鳥川を眺めることが出来たからである。「臨む」は「見下ろす」意であり、飛鳥川とその川辺に近い飛鳥京跡の苑池に臨んだと思われる。苑池は十世紀に至るまで機能しており、完全に埋没したのは鎌倉時代だった。称徳が明日香川に臨んで苑池を見たと想像してみるのは楽しい。

苑池からは墨書土器一〇点余りが出土している。中に、奈良末の土師器《はじき》の坏に「川原寺」と書いたものが二点、平安時代の土師器の坏に「岡寺」と墨書したもの一点がある。苑池は飛鳥川を隔てて川原寺と近接しているから、奈良時代末には川原寺の管理下にあったのかもしれない。岡寺との関わりについては未詳である。

称徳は小治田宮で宿泊した翌日、紀路をとって草壁皇子(岡宮天皇)の檀山陵《まゆみ》(真弓丘陵)を遥拝している。天武陵や文武陵に関わる記事がみえないのは、行幸の列が小治田宮から阿倍山田道を西へ進んで軽《かる》の衢《ちまた》(橿原市丈六付近)に達し、下ツ道をとって南下、見瀬丸山古墳付近から紀路に入ったのだろう。檀山陵が高取町佐田の束明神《つかみようじん》古墳であることは、前章で述べたようにほぼ確定している。

故郷〝飛鳥〟を歌う

飛鳥を故郷《ふるさと》と歌った歌が『万葉集』に幾首かみえる。先にも引いたが、「帥《そち》大伴卿(大伴旅人〉の歌五首」に含まれる次の二首が代表的なものだろう。

浅茅原《あさじはら》つばらつばらにもの思《も》へば故《ふ》りにし郷《さと》し思ほゆるかも

わすれ草わが紐に付く香具山の故りにし里を忘れむがため　（巻三―三三三・三三四）

大宰府の帥（長官）大伴宿禰旅人（六六五〜七三一）は望郷の思い黙し難く、五首の歌をよんだ。寧楽《なら》の京、吉野の象《きさ》の小河《おがわ》、故りにし郷、香具山の故りにし里、夢のわだ（象の小河が吉野川に注ぐ所の淵）、を対象とした歌である。

三十歳を過ぎるまで、旅人は飛鳥で暮らした。その後の十六年間を藤原京で、そして平城京で晩年の二十年余を過ごしたことになる。最晩年にあたる神亀五年（七二八）から天平二年（七三〇）まで、大宰府にあった。大宰府へ赴任した直後に妻の大伴郎女《いらつめ》を失ったから、なおのこと望郷の念が大きくなったのだろう。旅人は幼少期を、青春時代を飛鳥でおくった。香具山北側の百済の家の辺りが「故りにし里」であり、いつも夢にみていたに違いない。

「忘れ草」を身に着けると、憂いを忘れるとされていた。懐かしい故郷をひとときでも忘れているために、忘れ草を下紐に着けると旅人は歌う。いつもいつも旅人は故郷を思い浮かべていたのである。

忘れ草はユリ科のノカンゾウやヤブカンゾウ。夏に印象的な黄赤色の花が咲く。早朝に開き、夕方には萎む。そんなところから、忘れ草と名付けられたのだろう。十五年も前のこと、自転車で橘寺近くまで行った折、野道にノカンゾウがあったので少し引いて帰り、庭の片隅に植えたところ、広がった。初夏になると日ごと花が咲く。ノカンゾウの花を見ると、いつも旅人の歌を思い出す。

山部赤人は飛鳥の神奈備《かんなび》山に登って「飛鳥の古き都」を、また「藤原家の山池」を歌ったが、有名な「百済野《くだらの》の萩の古枝《ふるえ》に春待つと居《を》りし鶯鳴きにけむかも」(『万葉集』巻八―一四三一)は、香具山近くの百済野での歌だろう。赤人もまた飛鳥を故郷と意識していたかと思われる。

故郷〝飛鳥〟を歌ったものは他にも散見する。旅人と同様に天平初年頃まで生きた人々にとって、飛鳥は故郷だった。藤原京を故郷と歌ったものはない。短期間の都だったから、そうした意識は生まれなかったのである。

一方、旅人の異母妹である大伴坂上郎女《さかのうえのいらつめ》のように、少し若い世代の人々は、飛鳥を同じ「故郷」でも少し違ったふうに見た。故郷に惹かれながら、今の都を楽しむ気分である。

大伴坂上郎女の、元興寺の里を詠ふ歌一首

故郷《ふるさと》の飛鳥はあれどあをによし平城《なら》の明日香を見らくし好《よ》しも

(『万葉集』巻六―九九二)

養老二年(七一八)に飛鳥寺の寺籍を移して建立されたのが、平城京の左京に位置する元興寺である。奈良の猿沢の池から南へ五分ほど歩くと、奈良町の中に元興寺極楽坊と塔跡が残っている。元興寺が建立されると、飛鳥寺は本元興寺と称されるようになった。一方、元興寺の前身が飛鳥寺であることから、元興寺界隈は新たに「平城の明日香」と呼ばれるようになったのである。逆にいえば、それだけ平城京に住む人々にとって、「明日香は故郷」との意識が強かった。現在も元興寺の近くに飛鳥小学校や飛鳥公民館があって、「平城の明日香」の地名を伝えている。

おわりに――飛鳥をどう受け継ぐか

明日香法制定まで――発見の相次ぐ飛鳥

一九八〇年(昭和五十五)五月に、明日香村特別措置法(明日香法)が制定された。その内容や問題点をみる前に、制定に至る経緯を簡単にみておこう。

一九六四年一月、飛鳥板蓋宮伝承地(飛鳥京跡)で大井戸が発見された。一九五九年に開始された飛鳥京跡の発掘調査では、まことに画期的な成果であった。この年三月の春休み、大学二回生だった私はサークル(京大考古学研究会)の仲間と一緒に、発掘現場を訪ねたことがある。石敷の中央に板を正方形に巡らせた大井戸があり、清冽な水が滾滾と湧いている。古代の井戸から今も水が湧いているとは、想いもしないことだった。感動した。湧水点を正確に押さえて、井戸が掘られている。そのことにも驚いた。

この発見を契機として、飛鳥保存の機運が徐々に高まっていく。一九六六年一月、京都・奈良・鎌倉を対象とした古都保存法が制定され、翌年十二月、総理府告示による明日香村歴史的風土特別保存地区の指定が行なわれた。

一九六七年一月十五日、藤原宮跡から木簡二点が発見され、その後は毎日多数の木簡が出土するようになった。最終的には総数約二一〇〇点となる。三月十七日には飛鳥京跡で、大井戸の北側から二点の木簡が出土し、これも最終的には約一六〇点となった。この日のことも記憶に鮮明である。当時、私は橿原考古学研究所で岸俊男先生の助手として、藤原宮跡出土の木簡の整理や釈読に従事していた。そこへ飛鳥京跡からもっと古い木簡が出土したとの報が入り、先生と一緒に研究所から歩いて現場へ行った。寒い日だったことを覚えている。発掘現場でその木簡を見せていただいた。懐かしい思い出である。

この年には甘樫丘の登り口に犬養孝氏の万葉歌碑が建立されたし、また明日香村では民宿も開始されている。飛鳥ブームが次第に高まり、飛鳥で宿泊して飛鳥を歩きたい、と希望する人たちが多くなったのである。

一九七〇年三月七日、石舞台古墳の西側にあった高市《たかいち》小学校で「飛鳥古京を守る会」の結成総会が開催され、百余名の参加があった。会長は末永雅雄氏、副会長は犬養孝、辰巳利文の両氏。高市小学校は、今は広い駐車場となっている。私も会員となり、総会に参加した。

同年四月には、明日香村に移り住んでいた漢方医、御井《みい》敬三氏が飛鳥村塾を開設した。御井氏の尽力で、六月に当時の佐藤栄作首相らが明日香村を視察、十二月十五日には飛鳥保存が閣議決定され、その後へ向けての大きな流れとなった。なお、この年八月には、近鉄吉野線の橋寺駅が飛鳥駅と改称されている。

高松塚古墳の壁画に始まる飛鳥ブーム

一九七二年(昭和四十七)三月二十一日に、高松塚古墳で極彩色の壁画が発見されると、新聞各紙は一面で大きく報道した。壁画の発見が契機となり、爆発的な〝飛鳥ブーム〟が起こる。明日香村を訪ねる人たちが急増した。その結果、それまで明日香村村民の努力や行政の尽力で開発の波の侵入が阻止されてきたこと、七世紀代の史跡や遺物が多く、自然や景観がよく保たれていることが、広く知られるようになって、飛鳥保存の気運が全国的に高まっていった。

高松塚古墳で壁画が発見された前後のことも記憶に新しい。当時私はすでに研究所の嘱託研究員だったかと思う。連絡をもらったので早速現場へ行き、石槨《せっかく》の内へ首を突っ込んで壁画を見ることができた。石槨内の温度や高湿度のせいか、男女群像の色彩は湿り気を帯び、まことに色鮮やかだった。今の高松塚壁画館で公開されている復原模写は、私の印象では少し白っぽいように思う。

三月二十六日に記者発表の行なわれた阪合《さかあい》小学校は明日香村檜前にあったが、統廃合されて今はない。記者発表では、発掘を指揮された末永雅雄先生が壁画のスケッチをもとに説明された。大きなスケッチを支え持っていたのは私だった。会場内に満ちていた異様なまでの興奮と熱気。それを肌で感じた。まるで昨日のことのように思い出す。

同じ年の四月十日に伝飛鳥板蓋宮跡(飛鳥京跡)、六月十七日に高松塚古墳が史跡に指定された。一九七五年三月には国立飛鳥資料館が開館。八月、国営公園建設に先立って、石舞台古墳周辺の発掘調査を実施。一九七八年、マルコ山古墳の発掘。一九七九年三月、飛鳥稲淵宮殿跡が史跡に指定される。

そうしたなか、一九八〇年五月に、「明日香村特別措置法」(明日香法)が制定されたのである。

明日香法制定後の飛鳥

明日香法は二つの基本政策、すなわち①歴史的風土の維持・保存を目的としたもの、②住民の生活安定を目的としたもの、から成っている。

①では、明日香村の全域を歴史的風土保存地区とし、第一種地区と第二種地区に分け、指定を行なっている。第一種地区は、石舞台古墳、高松塚古墳、岡寺、伝飛鳥板蓋宮跡(飛鳥京跡)、甘樫丘を中心とする地域。現状変更が厳しく規制されている。第二種地区は第一種地区以外の地域で、著しい現状変更については抑制されるものの、そうでない場合は許可される。

②は明日香村整備計画と明日香村整備基金から成る。整備計画は、明日香村の歴史的風土の

維持・保存と同時に、生活環境を整え村を発展させていくため、道路・下水道・公園・教育施設・農業環境などの整備をはかる。また国や県の補助金で三十一億円の明日香村整備基金が設けられ、その運用果実で、歴史的風土の保存を図るための事業、土壌や建物の意匠・形態などを歴史的風土と調和させる事業、住民の生活の安定・向上や住民の利便を増進させる事業を行なう。

明日香法に基づいて、一九八〇年度から一九九九年度に及ぶ明日香村整備計画が実施され、各種施設の整備が進められた。

明日香法が制定されて二十年以上が経過した今日、明日香村を取り巻く状況も大きく変化した。総人口の減少、高齢化や過疎化の進行、農林業の衰退などである。二次に及ぶ明日香村整備計画もほぼ順調に進捗したとはいえ、村の財政状況の悪化などにより、事業のうちには遅れたり未着手のものもある。そうした現況をふまえ、二〇〇〇年九月、歴史的風土審議会は第三次明日香村整備計画を答申、内閣総理大臣、奈良県知事の同意を得た。

今回の整備内容としては、(1)歴史的風土の創造的活用の視点に立った整備、(2)産業の振興(農業・林業・観光)、(3)生活環境の整備(道路・河川・下水道など)、(4)遺跡調査等の推進、などがあげられている。(1)には、歴史文化学習施設等の整備、周遊・観光に資する道路整備、景観の創出等が含まれており、従来の農業立村から観光立村に力点が移された点に特徴がある。

(1)と(4)については、明日香村の現状にふれた後で問題点を指摘したい。

明日香村の現状

一九八六年(昭和六十一)を境に、飛鳥ブームも陰りをみせるようになった。当時、地元のタクシーの運転手さんから、飛鳥を訪れる修学旅行生や観光客が少なくなったと聞いたことがたびたびある。ちなみに、一九八六年に飛鳥を訪れた観光客は約一六三万人だったが、一九九〇年は約一一三万人、一九九八年に至っては八三万人にまで減少していた。観光立村をめざすには、危機的な状況に落ち込んでいたのである。

それでも一九九九年頃から、明日香村を訪れる人たちが確実に増加しだした。いくつかの理由があげられる。

まず第一に、注目すべき遺跡の発見が相次ぎ、検出された遺構や遺物にも、わかりやすく目に訴えるものが多かったことである。これまでにふれたように、飛鳥池遺跡から、我が国最古の富本銭や各種の金属製品、「天皇」と記す木簡などが出土、飛鳥川沿いの飛鳥京跡から広大な苑池が検出され、導水用の石造物が新たに二つ見つかった。酒船石遺跡では、斉明朝に敷設された湧水遺構を中心に、大規模な石敷・石段・石垣が発掘された。亀形石槽が人気を集め、現在では現地で公開されている。キトラ古墳の天井部にかかれた天文図は、科学史の分野では世界的な発見だった。

第二に、一九九九年秋から翌年春にかけて放映されたNHKの連続テレビ小説「あすか」の影響も大きかった。主人公の女性が小学三年生の時代を明日香村で過ごす設定となっていた。明日香村稲淵の恵まれた自然と美しい景観、そしてぬくもりのある人間関係。今では県下のどこにも走っていないボンネットバスが、石舞台古墳近くの道路を走っていたりしてギョッとしたこともあったが。全国の人々に、可愛らしい主人公の少女とともに明日香村を深く印象付けたのは確かである。

第三に、明日香法に基づく明日香村整備計画が実施されるにしたがって、各種施設の整備が進められたことがあげられる。道路整備が進められ、車の通行には便利になった。

第四に、村の人々による村おこしの活動が活発に行なわれるようになったことだろう。棚田の活用をめざした「棚田ルネッサンス」、棚田のオーナー制度の発足、稲淵のアサカゼ千軒の景観が保たれ、九月下旬には彼岸花祭りや案山子《かかし》フェスティバルも行なわれるようになった。近鉄飛鳥駅前の「あすか夢販売所」では、村内で栽培された新鮮な野菜・果物や加工品を販売、明日香村を訪れた観光客や近隣の人々で賑わっている。また岡に在住する日本画家、烏頭尾精《うとおせい》氏を中心とする大化塾でも、村おこしのための活発な活動が行なわれている。最近、ボランティアガイドもスタートした。

第五に、一九七一年に発足した財団法人・飛鳥保存財団による地道な活動が実ってきた。高松塚壁画館をはじめとする各種施設の運営、村内の無住社寺の修復助成、飛鳥をテーマとした各種シンポジウムや講演会の開催、季刊誌『季刊 明日香風』の刊行などを行なっている。『季刊 明日香風』は一九八一年の発刊。二〇〇三年七月で八七号を数える。二〇〇〇年の第七五号から有料化すると同時に判型をやや大きくA5判からB5判に変え、編集体制も一新、猪熊兼勝・上野誠の両氏と私が編集を行なっている。明日香村のみならず隣接する橿原市や高取町の最新の考古学・古代史情報を盛り込み、内容の充実に努めている。

飛鳥保存の課題

ここで第三次明日香村整備計画に関連して、飛鳥保存の今後の課題についてふれよう。まず「歴史的風土の創造的活用」に関して私見を述べておきたい。

まず何よりも、発見された遺構の積極的な公開が望まれる。遺構の崩壊や風雨による劣化は、最新の保存技術で十分に対応できるだろう。地下に大遺跡があると説明されても、実際に目にすることができないのでは、見学者の期待にそえない。幸い酒船石遺跡の湧水施設部分は、村当局の英断で公開の運びとなった。ただ惜しむらくは、もう少し範囲を広げてほしかった。飛鳥京跡の苑池は整備・公開の予定と聞いている。島庄遺跡の方形池についても全面発掘の上、公開されるのが望ましい。水落遺跡を復原するのも一案だが、参考とすべき資料が少ない。景観に違和感を与えない復原方法はないだろうか。飛鳥池遺跡の上に建設された奈良県立万葉文化館の轍を踏んではならない。

明日香村にある諸施設は、飛鳥・岡・島庄地区に集中している感がある。だから、キトラ古墳周辺に歴史公園が計画されていて、高松塚古墳から檜前周辺を訪ね、近鉄壺阪山駅へ出るルートができるのは喜ばしい。高取町の子島寺、顔石(人頭石)のある光永寺、土佐町《とさまち》の街並み、岡宮天皇陵、束明神古墳、紀路を訪ねることも可能になる。

全国の考古学・古代史・万葉ファンに、村内の隅々まで歩いてほしいと思う。周遊歩道の整備も計画されているが、一方で村内各所に古い立派な民家が無住のままに放置されている。それらを積極的に活用することも考慮されてよいだろう。最近、高取町にオープンした夢創館が参考になる。町当局により、山崎邸が改修されたものである。

全国の飛鳥を愛する人々に、飛鳥の風土と歴史をどのように体験してもらうのがよいのだろうか。答申を読むと、村内全域を車やバスで見学できるように計画されているようである。しかし飛鳥は歩いてこそ、そのよさがわかる。周辺部や各施設に駐車場を設けるにとどめてほしい。村内各地を循環するミニバスを走らせ、それを併用して、歩いて飛鳥の各地を見学してもらう。迂遠ではあるが、飛鳥ファンの増大につながる最良策と思う。

また、第三次明日香村整備計画では、「遺跡調査等の推進」に言及しているが、具体策は示されていない。明日香村の遺跡の発掘調査は、種々の経緯があって、国・県・村の三者によって行なわれているのが現状である。目下の緊急課題として、それらの調査組織を統合し、総合的な調査・研究機関を新たに設置して、長期的な展望に基づいて発掘調査・研究を進めることが望まれる。またその成果の公開・展示のために、飛鳥資料館の拡充もしくは博物館の新設が考えられてもよい。

周辺地域を含む保存構想を考える

最後に私の持論を一つ。これまで述べた明日香法は、明日香村に限定されている。私はそれに問題を感じる。明日香村の周辺にも、古代の歴史の舞台で、なおかつ景観の優れたところが残っている。たとえば橿原市域では、香具山の周辺、高取町域では越智野や紀路沿いの地域など。草壁皇子の墓である可能性の大きい高取町佐田の束明神古墳などは、発掘調査後はほとんど放置されたままといってよい。明日香法がこれらの地域にも適用されたら、と思うこと頻りである。

目下、二〇〇三年の時点では、明日香村を含む七つの市町村(橿原市・桜井市・川西町・三宅町・田原本町・高取町・明日香村)で、二〇〇五年の合併を視野において、合併問題協議会が発足している。少し古い資料だが、二〇〇〇年の国勢調査によると、この七市町村の人口を合計すると二五万三六五〇人で(ちなみに明日香村の人口は六八四六人)、近畿圏では吹田市、豊中市、宝塚市などと同規模になり、特例市の要件を満たす。

奈良盆地の中央に位置するこの七市町村の合併が成立すると、市の範囲内に、弥生時代の大遺跡である唐古《からこ》・鍵遺跡(田原本町)に始まって、飛鳥の諸宮(明日香村)や藤原京(橿原市)に至るいくつもの重要な遺跡が含まれることになる。これほどの大遺跡を持つ都市はほかにない。右にふれた飛鳥の調査・研究組織、あるいは博物館の建設を含む強力な文化財行政が、合併によって期待できるかが問われるだろう。

明日香村では、目下、合併するか、自立するかで、村内は大きく揺れている。近く住民アンケートが行なわれると聞く。村に住む人々の意見に従うほかはないが、自立または合併後にも、明日香村や飛鳥学で対象としている地域について、その歴史的風土の保存を可能にする方法はないものだろうか。広く検討をお願いしたい。

あとがき

これまで大和の各地を歩いてきた。国中《くんなか》の田《た》原本《わらもと》に育ったから、北和(奈良盆地北部)にはあまり足を運んでいないが、中和・南和はよく歩いている。宇陀や吉野にも度々足を運んだ。地形図を頼りに歩き、発掘現場や遺跡を訪ね、社寺に参詣し、石造物に眼をやり、その土地の風土にふれて景観を心に刻んできた。よく歩くのは飛鳥とその周辺、葛城山・金剛山の山麓、山辺の道沿い。その土地に刻まれた歴史が風土と渾然一体となっており、豊かな自然も残っている。

機会をえて、『飛鳥』を執筆することができた。一応は通史の形をとっているが、飛鳥を歩く人たちの参考になるかと思い、風土や景観にふれ、歩いた折の印象や思い出も書き添えた。書き始めると、歩いた時に感じた風の流れや山峡《やまかい》に湧く蟬時雨を思い出し、あるいはネットリと肌に絡みつく夜の闇の感触がよみがえり、驚いたことがある。

執筆の話があったのは一昨年の秋。十分に準備したはずだが、生来の遅筆、五月この方、夜を徹することになった。一つには飛鳥に関する情報量が膨大であり、とりわけここ数年、考古学・古代史に関連する大発見が相次いだことにもよる。何度も発掘現場を訪ね、調査担当者に話をうかがい、自分の眼で遺構・遺物を見ることに努めた。しかしそれを文章にして正確に伝えることは、正直に言って難しかった。

新書編集部の早坂ノゾミさんには、本当にお世話になった。ともすれば本筋から離れて枝葉末節に陥りがちな文章を、読者にわかりやすく整理していただいたし、飛鳥の地理に不案内な人にもわかるように、図版に工夫を加えていただいた。ギリギリ期限に間に合ったのも、ひとえに早坂さんの尽力による。厚くお礼を申しあげます。

飛鳥を歩きまわっていると、夕暮れになることが多い。春夏秋冬、飛鳥の夕暮れ時は印象深い。とりわけ飛鳥から見る夕映えの二上山《にじょうさん》、夕闇に浮かび上がる雄岳《おだけ》・雌岳《めだけ》の山容は、心にしみる。石舞台古墳や甘樫丘から、あるいは奥山集落の西側から見るのがよい。あまり知られていないが、檜前と稲淵を結ぶ道路から見る二上山は絶景かと思う。

二十歳前後から短歌を作っている。吉野在住の歌人、前登志夫先生に師事し、「ヤママユ」の同人。昨年、次の歌を詠んだ。

大和恋ひ国内《くぬち》ことごと歩めども夢《いめ》に浮かぶは二上《ふたがみ》の山

本書が飛鳥の歴史や風土に親しんで歩く人たちの案内書になれば、と願っている。

二〇〇三年土用の日に

和田　萃

参考文献

全般にわたるもの

小澤　毅『日本古代宮都構造の研究』青木書店、二〇〇三年。
門脇禎二『新版　飛鳥─その古代史と風土』(NHKブックス)、日本放送出版協会、一九七七年。
亀田　博『飛鳥の考古学』学生社、一九九八年。
河上邦彦『飛鳥を掘る』(講談社選書メチエ)、二〇〇三年。
菅谷文則・竹田正則共著『日本の古代遺跡7　奈良飛鳥』保育社、一九九四年。
千田　稔『飛鳥─水の王朝』(中公新書)、二〇〇一年。
千田　稔・金子裕之編『飛鳥・藤原京の謎を掘る』文英堂、二〇〇一年。
奈良文化財研究所編『飛鳥・藤原京展』(図録)、朝日新聞社、二〇〇二年。

はじめに

大脇　潔「朝風廃寺の再発見」飛鳥保存財団『季刊　明日香風』第四八号、一九九三年。
河上邦彦・菅谷文則・和田萃編著『飛鳥学総論』(飛鳥学第一巻)、人文書院、一九九六年。
岸　俊男「古代史と万葉の言葉」『国文学』一六巻三号。同氏著『宮都と木簡』に所収、吉川弘文館、一九七七年。

和田　萃「明日香風」飛鳥保存財団『季刊　明日香風』第六〇号、一九九六年。

飛鳥自然環境研究会編『オオムラサキがおしえてくれたこと』信山社サイテック、二〇〇一年。

国立歴史民俗博物館『古代の碑』一九九七年。

第一章

相原嘉之「飛鳥地域における空間利用形態についての一試論―掘立柱建物の統計的分析を通して」明日香村教育委員会『明日香村　文化財調査研究紀要』創刊号、二〇〇〇年。

石野博信「奈良の池」森浩一編『日本古代文化の探究　池』社会思想社、一九七八年。

加藤謙吉『大和政権と古代氏族』吉川弘文館、一九九一年。

関川尚功「古墳時代の渡来人」『橿原考古学研究所論集　第九』吉川弘文館、一九八八年。

八賀　晋「古代における水田開発―その土壌的環境」『日本史研究』第九六号、一九六八年。

和田　萃「飛鳥川の堰―弥勒石と道場法師」『日本史研究』第一三〇号、一九七三年。

奈良文化財研究所飛鳥資料館『「あすか」以前』(図録)、二〇〇二年。

農林省農地局『昭和二九年度大和川水系　農業水利実態調査報告書』

第二章

田中　卓「紀氏家牒について」同氏著『日本古典の研究』所収、皇学館大学出版部、一九七三年。
森　浩一『古墳の発掘』(中公新書)、一九六五年。
和田　萃「飛鳥びとの生活」門脇禎二(等)編『庶民生活と貴族生活』(日本生活文化史2)、河出書房新社、一九七四年。

第三章

石田尚豊編著『聖徳太子事典』柏書房、一九九七年。
大山誠一『〈聖徳太子〉の誕生』吉川弘文館、一九九九年。
大脇　潔『飛鳥の寺』(日本の古寺美術14)、保育社、一九八九年。
同　「七堂伽藍の建設」町田章編『古代の宮殿と寺院』(古代史復元8)、講談社、一九八九年。
金子裕之編『古代庭園の思想』(角川選書)、二〇〇二年。
岸　俊男「朝堂の初歩的考察」同氏著『日本古代宮都の研究』所収、岩波書店、一九八八年。
小西正己『古代の虫まつり―謎の常世神』学生社、一九九一年。
千田　稔「飛鳥の地理小考」古代を考える会『飛鳥古京の検討』(古代を考える　四二)、一九八六年。
同　「小墾田・飛鳥・橘」同氏著『古代日本の歴史地理学的研究』所収、岩波書店、一九九一年。
福山敏男『奈良朝寺院の研究』高桐書院、一九四八年。
毛利光俊彦「仏教の開花」町田章・鬼頭清明編『新版　古代の日本6　近畿II』角川書店、一九九一年。
和田　萃「飛鳥岡について」『橿原考古学研究所論集　創立三十五周年記念』吉川弘文館、一九七五年。
同　「百済宮再考」『季刊　明日香風』第一二号、一九八四年。
同　「ヤマトと桜井」『桜井市史』上巻、一九八〇年。
同　「飛鳥のケマリ」談山神社『談』第五七号、二〇〇二年。
『大阪府立狭山池博物館　常設展示案内』二〇〇一年。

奈良県立橿原考古学研究所編『発掘された古代の苑池』学生社、一九九〇年。

奈良県立橿原考古学研究所附属博物館『聖徳太子の遺跡』二〇〇一年。

羽曳野市・羽曳野市教育委員会『古代の開発』(第八回はびきの歴史シンポジウム)、一九九三年。

第四章

定方　晟『須弥山と極楽』(講談社現代新書)、一九七三年。
曾布川寛『崑崙山への昇仙』(中公新書)、一九八一年。
奈良国立文化財研究所飛鳥資料館『飛鳥の水時計』一九八三年。
大橋一章『聖徳太子への鎮魂』グラフ社、一九八七年。
奥田　尚『石の考古学』学生社、二〇〇二年。
門脇禎二『飛鳥と亀形石』学生社、二〇〇二年。
和田　萃「飛鳥岡について」『橿原考古学研究所論集　創立三十五周年記念』吉川弘文館、一九七五年。
同　「養老改元」同著『日本古代の儀礼と祭祀・信仰』中巻、塙書房、一九九五年。
同　「斉明朝における飛鳥」飛鳥池遺跡を考える会『飛鳥池遺跡・酒船石遺跡を考える東京シンポジウム』二〇〇〇年。直木孝次郎・鈴木重治編『飛鳥池遺跡と亀形石』(ケイ・アイ・メディア、二〇〇一年)に再録された。

第五章

今尾文昭「古記録にみる飛鳥猿石の遍歴」『末永先生米寿記念　献呈論文集』坤、奈良明新社、一九八五年。

今泉隆雄「"飛鳥浄御原宮"の宮号命名の意義」同氏著『古代宮都の研究』所収、吉川弘文館、一九九三年。

大橋一章『日本の古寺美術4　薬師寺』保育社、一九八六年。

岡本健一『発掘の迷路を行く』上巻、毎日新聞社、一九九一年。

岸　俊男「京域の想定と藤原京条坊制」奈良県教育委員会『藤原宮』一九六九年。

同　「古道の歴史」坪井清足・岸俊男編『古代の日本5　近畿』角川書店、一九七〇年。

寺崎保広『藤原京の形成』(日本史リブレット)、山川出版社、二〇〇二年。

直木孝次郎『飛鳥―その光と影』吉川弘文館、一九九〇年。

花谷　浩「本薬師寺の発掘調査」『仏教芸術』二三五号、毎日新聞社、一九九七年。

林部　均『古代宮都形成過程の研究』青木書店、二〇〇一年。

和田　萃「四神図の系譜」『国立歴史民俗博物館研究報告第八十集　装飾古墳の諸問題』所収、一九九九年。

同　「二つの亀石」『東アジアの古代文化』一〇五号、大和書房、二〇〇〇年。

奈良県立橿原考古学研究所編『飛鳥京跡　苑池遺構』(調査概報)、学生社、二〇〇二年。

同　『古代大和の石造物』二〇〇一年。

奈良文化財研究所編『奈良の寺―世界遺産を歩く』(岩波新書)、二〇〇三年。

「特集　古墳の被葬者は誰か」『歴史と旅』一九九九年三月号、秋田書店。

第六章

池田源太「小治田宮」同氏著『大和の土地と人』所収、友山文庫、一九六五年。
和田　萃「持統女帝の吉野宮行幸」『日本古代の儀礼と祭祀・信仰』下巻所収、塙書房、一九九五年。

右に掲げたもの以外に、奈良文化財研究所の年報・紀要・報告書、飛鳥資料館の図録、奈良県立橿原考古学研究所の調査概報・図録、明日香村・橿原市・桜井市・高取町・田原本町の研究紀要・調査概報・現地説明会資料などを多数利用させていただきました。また写真・図版についても、多くの関係機関、関係者から提供いただくことができました。厚くお礼申し上げます。

和田 萃

1944年 中国東北部(旧満州)に生まれる
1972年 京都大学大学院博士課程修了
　　　 京都大学博士(文学)
専攻ー日本古代史
現在ー京都教育大学教授，奈良県立橿原考古学研究所指導研究員，「ヤママユ」同人
著書ー『大系日本の歴史2 古墳の時代』(小学館)
　　　『飛鳥学総論』(共著，人文書院)
　　　『日本古代の儀礼と祭祀・信仰』(上・中・下巻，塙書房)
　　　『古代を考える 山辺の道』(編著，吉川弘文館) ほか

飛　鳥　　岩波新書(新赤版)850

2003年8月20日　第1刷発行
2007年6月15日　第9刷発行

著　者　和田《わだ》 萃《あつむ》

発行者　山口昭男

発行所　株式会社 岩波書店
〒101-8002 東京都千代田区一ツ橋2-5-5
案内 03-5210-4000　販売部 03-5210-4111
http://www.iwanami.co.jp/

新書編集部 03-5210-4054
http://www.iwanamishinsho.com/

印刷・精興社　カバー・半七印刷　製本・中永製本

ISBN 4-00-430850-X　Printed in Japan

岩波新書新赤版一〇〇〇点に際して

ひとつの時代が終わったと言われて久しい。だが、その先にいかなる時代を展望するのか、私たちはその輪郭すら描きえていない。二〇世紀から持ち越した課題の多くは、未だ解決の緒を見つけることのできないままであり、二一世紀が新たに招きよせた問題も少なくない。グローバル資本主義の浸透、憎悪の連鎖、暴力の応酬――世界は混沌として深い不安の只中にある。

現代社会においては変化が常態となり、速さと新しさに絶対的な価値が与えられた。消費社会の深化と情報技術の革命は、種々の境界を無くし、人々の生活やコミュニケーションの様式を根底から変容させてきた。ライフスタイルは多様化し、一面では個人の生き方をそれぞれが選びとる時代が始まっている。同時に、新たな格差が生まれ、様々な次元での亀裂や分断が深まっている。社会や歴史に対する意識が揺らぎ、普遍的な理念に対する根本的な懐疑や、現実を変えることへの無力感がひそかに根を張りつつある。そして生きることに誰もが困難を覚える時代が到来している。

しかし、日常生活のそれぞれの場で、自由と民主主義を獲得し実践することを通じて、私たち自身がそうした閉塞を乗り超え、希望の時代の幕開けを告げてゆくことは不可能ではあるまい。そのために、いま求められていること――それは、個と個の間で開かれた対話を積み重ねながら、人間らしく生きることの条件について一人ひとりが粘り強く思考することではないか。その営みの糧となるものが、教養に外ならないと私たちは考える。歴史とは何か、よく生きるとはいかなることか、世界そして人間はどこへ向かうべきなのか――こうした根源的な問いとの格闘が、文化と知の厚みを作り出し、個人と社会を支える基盤としての教養となった。まさにそのような教養への道案内こそ、岩波新書が創刊以来、追求してきたことである。

岩波新書は、日中戦争下の一九三八年一一月に赤版として創刊された。創刊の辞は、道義の精神に則らない日本の行動を憂慮し、批判的精神と良心的行動の欠如を戒めつつ、現代人の現代的教養を刊行の目的とする、と謳っている。以後、青版、黄版、新赤版と装いを改めながら、合計二五〇〇点余りを世に問うてきた。そして、いままた新赤版が一〇〇〇点を迎えたのを機に、人間の理性と良心への信頼を再確認し、それに裏打ちされた文化を培っていく決意を込めて、新しい装丁のもとに再出発したいと思う。一冊一冊から吹き出す新風が一人でも多くの読者の許に届くこと、そして希望ある時代への想像力を豊かにかき立てることを切に願う。

（二〇〇六年四月）